KB247843

중심 잡는 법

나에게 성실한 인생의 즐거움

중심
잡는 법

최호진 지음

마인드
빌딩

책머리
(책 활용법)

어떻게 하면 잘 살 수 있을까?

많은 사람들이 강의를 쫓아다니고 책도 읽는다. 하지만 그 속에서 가장 중요한 것은 나의 중심을 잡는 일이다. 나의 심지를 곧게 만드는 일이 가장 필요하다. 이를 위해 중요한 것은 자기 발견이다. 내 안을 깊숙이 들여다보면서 나 자신에 대해서 알아가는 것이 필요하다.

나에게 있어 나를 발견하는 과정은 바로 버킷리스트였다. 나에게 시간을 내어주고, 그 시간에 다양한 질문을 던지면서 도대체 내가 하고 싶은 것이 무엇인가를 고민하고 정리했다. 물론 한 번에 얻었던 것은 아니었지만, 꾸준히 나를 들여다보는 과정은 나에 대한 이해를 높여주었다. 덕분에 좋아하는 일을 찾을 수 있게 되었다.

그런데, 재미난 건 그렇게 했다고 해서 삶이 탄탄대로로 바뀌는 건 아니었다는 것. 수시로 나는 흔들렸고, 불안하면서도 미약한 존재였다. 17년간 수련을 하고 온 승려 또한 그랬다니 괜히 위안이 될 정도였달까? 다행히 1년 동안 나의 중심을 잡을 수 있었다. 버킷리스트 쓰기가 매년 리추얼이 됨으로써 그것을 잘 극복할 수 있게 되었다.

이 책은 '스스로에게 성실하게 살아간다는 것'이 무엇인지를 고민하는 데서 시작했다. 외부의 기대나 사회적 기준이 아니라 내가 진짜 원하는 삶을 찾고, 그 삶을 향해 묵묵히 걸어가는 것. 그것이야말로 진정한 성실이라는 생각에서 출발했다.

하지만 막연한 다짐이나 의지로는 성실한 삶을 살아갈 수 없다. 구체적으로 나를 들여다보고, 하고 싶은 것을 찾아내고, 작게라도 움직이고, 살아본 경험을 정리하며, 조금씩 나를 중심으로 삶을 세워나가는 과정이 필요했다. 이 책은 바로 그 구체화된 과정을 따라가면서 삶의 중심을 매년 잡아가는 방법을 안내한다.

성실함은 거창한 성취가 아니라, 나를 잊지 않고 살아가는 것에서 시작된다. 내가 진짜 바라는 삶을 찾기 위해서는 구체적으로 나를 탐색하고 구체적으로 살아내야 한다. 구체화된 나를 조건 없이 환대할 때 비로소 성실한 삶은 완성된다.

구체적으로 나를 탐색하고 구체적으로 살아내는 방법을 제시한다. 그리고 그 과정에서 만나게 되는 불완전하고 낯선 나를 어떻게 받아들일지까지 이야기한다. 실천 가능한 자기 탐색 → 구체화 → 환대까지 단단한 흐름을 가진 자기 삶 프로젝트를 안내하는 책이다.

목 차

제3부 중심은 어떻게 만들어지는가?

나 자신에게
성실해 보세요

"작가님은 게으른 사람이었군요."

이번 책을 위해 출판사와 미팅을 하는 자리에서 대표가 내게 던진 말이었다. 언뜻 들었을 때는 무례하게 느껴졌지만, 이 말은 나의 과거를 정리하기에 적절한 표현이었다. 물론 일반적인 게으름의 의미는 아니었다. 그 말의 정확한 뜻은 "스스로에게 게으른 사람"이라는 뜻이었다.

나의 지인들은 게으르다는 말이 나와 잘 어울리지 않는다는 것을 잘 알 것이다. 사회적 기준으로 누구보다 성실한 사람이 바로 나였으니까. 학교에서나 직장에서 지각 한 번 하지 않은 전형적인 모범생이었다. 숙제도 또박또박 했고 주어진 일도 열심히 했다. 가정에서도 아빠로서, 남편으로서 그리고 아들로서도 최선을 다했다. 일탈 한 번 하지 않고 정해진 길을 따라 곧이곧대로 가는 전형적인 모범 직장인이었다.

하지만 내 성실함의 기저에는 항상 타인이 있었다. 내가 모범생으로 살아왔던 가장 큰 이유는 '인정 욕구' 때문이었다. 나는 남들이 나를 어떻게 바라보는지가 중요했다. 사람들이 나를 좋은 사람으로, 일 잘하는 사람으로 평가해 주기를 바랐다. 타인의 평가에 일희일비했다. 칭찬을 받으면 기분이 구름 위까지 상승했다가 한마디 비판에 끝도 없는 지하 세계로 스스로 침잠해 버리곤 했다. 그 속에는 내가 나를 어떻게 바라보는지는 없었다. 오로지 타인의 시선만이 중요했다.

학창 시절에는 인정 욕구가 나에게 긍정적인 요인으로 작용했다. 시험은 등수가 매겨졌고 나는 최선을 다해 최고의 자리에 서기 위해 노력했다. 감사하게도 나의 노력은 결과로 이어졌다. 하지만 사회생활에서는 인정 욕구는 채워지지 않는, 밑 빠진 독 같았다. 직장 생활에서 최고가 된다는 것은 애초에 불가능한 일이었다. 불가능한 것을 바라니 힘들 수밖에 없었다. 인정받지 못한다고 스스로 생각했고, 어느 순간부터 나 스스로에 대해서 부정적으로 바라보는 시선이 강해졌다.

매사에 경쟁적인 관점으로 생각하는 시각은 나를 갉아먹곤 했다. 회사 입사 동기로 만나 결혼한 아내에게도 그런 경쟁 심리가 작용했다. 다행히 아내는 나의 그런 심리에 아랑곳하지 않는 사람이었지만, 나는 행여나 아내보다 뒤처지지는 않을까 전전긍긍했다. 가장 가까운 사람에게 지고 싶지는 않았다. 어이없는 생각이었지만 당시 나는 매사에 '경쟁'을 선택했고 이겨야 한다고 스스로를 압박했다. 나를 들들 볶는 느낌이었다. 힘든 길을 택해서 걸어가는 듯했다. 나에게 긍정적인 요인도 있었겠지만, 매번 경쟁 논리로 접근해야 하니 나는 항상 불안했다.

인정 욕구를 탐하면 탐할수록 나의 삶은 힘들어졌고 어느 순간부터 이를 내려놓을 수밖에 없었다. 정신 수양을 통해 극복한 게 아니라 자포자기하는 심정으로 포기하게 된 것이다. 포기한 순간부터 아무것도 하고 싶지 않았고 무기력하게 지내는 게 내 삶의 전부였다. 당시 나의 꿈은 '정년퇴직'이었다. 55세에 퇴직하고, 그때부터 내 삶을 즐겨야겠다고 생각했다. 아직 마흔도 되지 않았는데 말이다.

그렇게 행복을 이연시키고 버티고 살고 있는데 어느 순간부터 내 삶이 죽어 있다는 느낌이 들었다. 적어도 55세까지의 삶은 행복하지 않을 것 같았다. 자라나는 아이들에게도 내가 힘들어하는 모습이 긍정적인 영향을 줄 것 같지도 않았다. 이렇게 살다 내 젊은 시절이 허무하게 끝날 것 같다는 불안감도 엄습했다. 뭐라도 하지 않으면 힘든 상황이 55세가 지나도 해결되진 않을 것 같았다.

그 과정에서 나를 조금씩 자극하는 것들이 있었다. 때마침 몇 권의 책을 읽게 되었고 좋은 인연으로 사람을 만나기도 했다. 내 마음은 불편해지기 시작했고, 그런 불편함은 내 삶을 돌아보게 했다. 스멀스멀 뭐라도 해야겠다는 마음이 올라왔고, 그때 우연히 만났던 것이 바로 버킷리스트 100개 쓰기였다. 조금씩 삶을 바꿔보려는 나에게 지인이 추천해 준 프로젝트였다. 이번 버킷리스트는 평소 알고 있던 버킷리스트와 달랐다. 죽기 전까지가 아닌 딱 1년 동안 하고 싶은 일 100개를 써보는 작업이었다.

하고 싶은 일을 100개를 쓰는 작업은 쉽지 않았다. 게다가 인생 전체가 아닌 1년이라는 제한 기간을 두니 더 어려웠다. 아무것도 하고 싶지 않은 사람이었으니 그럴 법도 했다. 하지만 꾸역꾸역 하고 싶은 일을 채워갔다. 100개를 쓰면 뭔가 보인다는 말에 어떻게 해서든 채웠다. 다행히 하나씩 쓰다 보니 하고 싶은 것들이 보였다. 2박 3일에 걸쳐 머리를 쥐어짜며 결국 100개를 채웠다.

나 자신에 집중한 시간이었고, 덕분에 100개를 채우면서 좀 더 성장하기 위해 노력하고 싶은 마음도 얻을 수 있었다. 내가 진짜 원하는 것은 무엇일까에 대해서 진지하게 고민할 수 있었다. 신기하게도 100개를 쓰는 동안에는 타인의 인정보다는 나 자신의 욕망에 대해서 깊이 성찰할 수 있었다. 단 한 번의 경험이 나의 삶에 큰 자극이 되었다. 그리고 그 경험을 지속하고 싶어 매년 100개씩의 버킷리스트를 써 보는 루틴을 만들었다. 덕분에 나는 하고 싶은 일이 많아졌고 좀 더 나를 보살피는데 익숙해졌다.

출판사 대표가 말한 게으르다는 의미는 이런 맥락 때문이었다. 버킷리스트를 만나기 전의 나의 모습을 보면서 대표는 게으름을 새롭게 해석한 것이다. "나"보다는 "타인의 시선"을 우선 생각했기에 나를 돌보는 일을 신경 쓰지 않았다. 내가 원하는 행복한 삶에 대해서도 진지하게 고민하지 못했다. 그저 돈이 많고, 좋은 직장에서 좋은 위치에 올라가면 그것이 행복인 줄 알았다. 사회가 정해놓은 기준에 맞춰서 말이다. 그런 점에서 나를 제대로 아낀 적이 없었던 것 같았다. 스스로를 살펴보는 일을 게을리한 것이다.

그렇다면 나 자신에게 게으르지 않다는 것, 정확히 말하면 스스로에게 성실한 삶은 무엇일까? 가장 중요한 것은 나에게 집중하는 일일 것이다. 다른 사람들이 어떻게 생각하든 내가 원하는 것이 무엇이고 나만의 행복을 어떻게 찾아갈 수 있을지를 끊임없이 고민하는 자세다. 이때 필요한 것은 구체적으로 나를 파악해 보는 것이다. 내가 중요하게 생각하는 것은 무엇이고, 언제 행복감을 느끼는지를 구체적으로 따져보는 것이다.

하고 싶은 일을 써왔던 8년의 시간이 나에게 성실하게 사는 법을 터득한 기간이었다는 것을 발견했다. 매년 100개씩의 리스트를 쓰는 과정에서 내가 원하는 것을 구체적으로 고민했다. 그러면서 나는 나에 대해서 집중했고 그 속에서 나를 성실하게 대하는 법을 스스로 발견했다.

미팅을 마치고 집으로 돌아오는 길, 주변의 수많은 성실하지만 게으른 사람들이 떠올랐다. 남들에게는 성실하지만 정작 자기 자신에게 게으른 그런 사람들 말이다. 그런 사람들에게 내가 했던 작업을 알려주고 싶었다.

물론 조심스러운 부분도 있다. 이미 『결국엔, 자기 발견』에서 이번 프로젝트를 안내했기에 더 할 말이 없을 것 같다는 생각이 컸다. 하지만 그때는 버킷리스트 100개 프로젝트를 소개하고, 왜 했고 어떻게 내 삶이 바뀌었는지를 중심으로 보여줬다면, 이번에는 좀 더 큰 틀에서 접근해 보려고 한다. 하고 싶은 일 100개를 넘어서 진짜 나에게 성실할 수 있는 방법을 체계적으로 안내해 보려고 한다. 단계별로 삶의 중심을 잡는 법을 말이다. 그 속에서 좋아하는 일을 찾는 현실적인 방법(아쉽게도 쉬운 방법은 없는 듯하다)도 같이 안내해 보고 싶다.

내 삶에 적용했던 방법들이 다른 사람들에게도 좋은 프로젝트가 될 수 있을까에 대한 우려도 있다. 나에게 맞는 프로젝트라고 해서 다른 사람들에게도 좋을 거라는 확신이 들지 않았다. 하지만 몇 년 동안 워크숍에 참석하면서 바뀐 삶을 사는 분들을 보면서 자신감을 얻었다. 모두에게 맞지는 않겠지만 분명 맞는 사람들이 있을 것이라는 확신과, 맞지 않더라도 한 번의 경험을 통해 자신에게 성실해지는 과정이 분명 도움이 되리라는 생각이 들었다. 나 자신이 무엇을 원하는지에 깊게 생각해 본 경험이 다들 없으니까.

그래서 용기를 내어 책을 썼다. 여전히 자기 자신에게 게으른 사람들에게 새로운 경험을 통해서 스스로에게 성실해지는 방법을 알려주려고 한다. 독자들이 스스로에 대해서 깊게 고민하면서 자신을 보살피고 좀 더 사랑했으면 좋겠다.

제1부

나에게
성실한
삶의 의미

자기 계발에서
진짜 중요한 것

자기 계발서는 언제나 강력하다. 책 속에서 성공 스토리를 읽으며 희망을 품고, 저자의 방식을 따라 하면 나도 바뀔 것이라 믿는다. 나 역시 그랬다. 책 속 저자들의 행동을 충실히 모방했고, 그중 나에게 와 닿는 것들을 열심히 실천했다. 달리기를 시작한 것도, 매일 아침 글을 쓴 것도 모두 이런 영향 때문이었다.

처음에는 이런 노력이 큰 성과를 가져오는 듯했다. 꾸준한 글쓰기로 책을 출간했고, 달리기로 마라톤 풀코스를 완주했다. 겉으로 보기에 나는 자기 계발의 성공 사례처럼 보였을 것이다. 하지만 시간이 지날수록 내 안에 뭔가 부족하다는 느낌을 지울 수 없었다. 비록 책도 쓰고 마라톤도 완주했지만, 설명할 수 없는 공허함이 마음 깊숙이 자리 잡고 있었다. 나 또한 책을 쓰는 저자지만 내가 따라가고 싶은 분들처럼 나는 될 수 없었다. 그제야 깨달았다. 누군가를 따라 한다고 해서 그 사람과 똑같이 될 수 없다는 것을.

구글을 벤치마킹한다고 해서 구글이 될 수 없는 것처럼, 사람도 마찬가지다. 각자의 상황과 환경이 다르기 때문에 똑같은 방법으로는 똑같은 결과를 얻을 수 없다. 자신만의 환경을 이해하지 못하고 남의 방식을 그대로 적용하는 것은, 실패를 예고하는 지름길일 뿐이다.

남쪽의 귤을 북쪽에 옮겨 심으면 탱자가 된다는 뜻의 '남귤북지南橘北枳'라는 고사성어가 있다. 귤나무는 기후와 환경에 따라 그 성질이 변한다. 사람도 마찬가지다. 사람마다 성장할 수 있는 토양과 조건이 다르다. 우리는 종종 다른 사람의 성공 방식을 그대로 가져와 적용하려 하지만, 각자의 환경과 조건을 고려하지 않은 채 이를 복제하는 것은 위험할 수 있다.

이것은 단순히 개인의 문제에 그치지 않는다. 실리콘밸리의 성공 공식을 한국에 적용하거나, 대기업의 시스템을 중소기업에 도입하려 할 때도 우리는 수없이 실패를 경험한다. 이는 단순히 방법론의 문제가 아니다. 그 방법이 뿌리를 내리는 '토양'이 다르기 때문이다. 땅의 성질이 다르면 심은 씨앗이 같은 열매를 맺을 수 없다. 바탕이 다르면 결과도 달라질 수밖에 없는데, 같은 결과를 기대하는 것은 무리다.

그렇다고 귤이 탱자가 되는 것이 반드시 나쁜 것은 아니다. 탱자도 그 나름의 가치를 지니고 있으며, 그 과정을 통해 깨달음을 얻을 수도 있다. 다만 처음부터 자신의 상황을 제대로 이해하고, 그에 맞는 '탱자'를 심으려는 노력이 필요하다. 환경을 이해하고, 물과 토질을 고려해 적합한 씨앗을 뿌렸다면, 더 양질의 열매를 수확할 수 있었을지도 모른다.

고사성어 '남귤북지'는 단순히 환경의 중요성만을 강조하는 것이 아니다. 환경 속에서 자신을 제대로 이해해야 의미 있는 결실을 맺을 수 있음을 보여준다. 결국 중요한 것은 '자기'에 대한 이해다. 자신이 무엇을 잘할 수 있는지, 무엇을 하고 싶은지 진지하게 고민할 때, 그 목표는 남의 성공을 흉내 내는 것이 아니라, 나만의 방식으로 이루어지는 성취가 된다. 하지만 자신을 이해하는 일은 생각만큼 쉽지 않다. 우리는 종종 남의 방식을 따라 하다가 나만의 길을 잃어버리곤 한다. 남의 기준으로 세운 목표는 이루었을 때도 허전함을 남기고, 실패했을 때는 더 큰 좌절감을 안긴다.

지인 중 한 명인 현길 님은 이와 비슷한 경험을 했다. 그는 삶을 변화시키기 위해 자기 계발에 심취했다. 새벽 다섯 시에 일어나 '미라클 모닝'을 실천했고, 하루에 책 한 권을 읽으며 글쓰기와 강연에 대한 열망을 키웠다. 겉으로 보기에 그의 삶은 완벽해 보였다. 그는 주위 사람들에게 늘 부지런한 사람으로 칭찬받았다. 하지만 그 이면에는 끊임없는 불안과 압박감이 자리 잡고 있었다.

결국 터져버렸다. 그는 불안장애 진단을 받고 약을 복용하게 되었다. 그가 힘들어했던 이유는 '자기 발견'이 빠져 있었기 때문이다. 그는 자기 계발 강사들의 말을 무비판적으로 받아들이며, 정작 자신이 바라는 성공이 무엇인지, 진정으로 원하는 것이 무엇인지는 고민하지 않았다. 그들의 방식을 따르면 자신도 그들과 같은 삶을 살 수 있다고 믿었다. 그러나 그 기대는 번번이 무너졌다. 그는 결국 모든 자기 계발 활동을 중단했다.

그로부터 시간이 지난 후, 그는 내 추천을 거절하지 못하고 '하고 싶은 일 100개 쓰기 워크숍'에 참여하게 되었다. 처음에는 거부감이 컸다. 이것도 또 다른 자기 계발의 방식이라 생각했기 때문이다. 게다가 "100개를 쓰라니, 딱히 원하는 게 없는데?"라며 부담을 느꼈다. 하지만 시간이 지남에 따라 그는 자신을 향한 문을 조금씩 열기 시작했다. 무의식에 숨어 있던 생각들이 하나둘 떠올랐고, 스스로 진지하게 고민해 보기 시작했다. 다음 해 그가 두 번째 리스트를 쓸 때는 한층 더 솔직해질 수 있었다. 경제적인 풍요도 필요하지만, 그보다 더 소중한 일상의 가치를 깨달았다. 자신에게 진정 중요한 것이 무엇인지 명확히 알게 된 것이다.

그는 자신만의 새로운 루틴을 만들었다. 매일 아침 성경을 읽고, 하루에 만 보씩 걷는 것이 그의 새로운 습관이 되었다. 과거에는 성과를 위해 루틴을 만들었다면, 이제는 자신이 진정으로 좋아하는 것과 하고 싶은 것을 중심으로 하루를 채웠다. 그의 삶에는 작은 여유가 생겼고, 불안했던 마음에도 평화가 깃들기 시작했다.

"자기 계발을 하고자 하는 사람은 강사를 믿기 전에 자신을 먼저 믿어야 해요. 나를 믿으려면 자기 발견이 필요해요. 나는 어떤 장점이 있고, 무엇을 잘하며, 어떤 부분을 싫어하는지 스스로 알아야 합니다. 단순한 MBTI 결과 같은 정의가 아니라, 나를 깊게 바라보고 반복적으로 관찰해야 하죠."

한참 후 그가 내게 말한 내용이다. 물론 그가 완전히 새로운 삶을 살게 된 것은 아니다. 여전히 자신을 알아가기 위해 고군분투 중이다. 하지만 이제는 불안 증세도 줄고, 스스로를 격려하며 자신만의 속도로 나아가고 있단다. 그 과정에서 가장 큰 것은 자신을 알아가는 기쁨을 느끼기 시작했다는 점이다. 덕분에 경제적으로 풍요롭지 않지만, 그의 중심은 단단히 그를 지탱하고 있다.

자기 계발의 진정한 의미는 '잠재된 자신의 슬기와 재능을 일깨우는 것'이고, 그 핵심은 '내면을 발견하는 것'이다. 우리 각자가 가진 고유한 '토양'에서 어떤 '나무'를 키워낼 수 있을지,

그 나무가 어떤 '열매'를 맺을지를 탐구하는 과정이 바로 자기 발견이다.

그러나 자기 발견의 여정은 결코 쉽지 않다. 때로는 새로운 목표를 세우는 것조차 막막하고, 자신이 진정으로 원하는 것이 무엇인지조차 알 수 없을 때도 있다. 현길 님도 처음에는 "내가 진짜 원하는 게 뭘까?"라는 질문조차 낯설고 어렵게 느껴졌다. 하지만 천천히 자신을 돌아보고, 작은 실천을 하면서 자신에게 좀 더 솔직할 수 있었다.

남의 방식이 아닌, 자신이 진정으로 원하는 방향을 찾고 나아가는 것. 그것이 바로 자기 발견이자 진정한 자기 계발이다. 자신을 깊이 이해하고, 자신의 속도로 나아갈 때 우리는 비로소 자신에게 성실한 삶을 살 수 있게 된다. 비록 그 과정이 쉽지는 않겠지만, 자기만의 속도로 나아가다 보면 분명 자신이 가진 잠재 가치와 마주할 순간이 올 것이다. 그러기 위해 중요한 것은 결국 나와 마주하는 일이다. 나를 자세히 들여다보는 것이야말로 나에게 성실한 삶의 시작이다.

설렘의 감정을
챙기세요

　　노인 복지관에서 웰다잉 프로그램 진행을 제안했다. 처음에는 망설였다. 죽음이라는 주제가 무겁게 느껴졌고, 내가 잘 모르는 영역이었기 때문이다. 하지만 제안하신 분이 내게 용기를 주었다. 웰다잉은 결국 웰빙과 같은 맥락이라며, 내가 진행하는 워크숍을 그대로 적용하면 된다고 했다. 1년 동안 하고 싶은 일 100개를 써보는 작업을 변형하면 충분하다는 것이었다. 쉽지 않은 도전이었지만, 왠지 모르게 가슴이 두근거렸다. 그 설렘을 따라 프로그램 진행을 맡았다.

　　참여하신 분들은 대부분 70, 80대 어르신들이었다. 12주 동안 그들의 삶을 정리하고, 하고 싶은 것들을 구체적으로 쓰며 이야기 나눴다. 과거를 정리하는 과정에서 각자의 파란만장한 삶이 펼쳐졌다. 초등학생 시절의 기억을 꺼내며, 한국전쟁 당시

천막을 치고 수업하던 이야기까지 나왔다. 그들에게도 꿈 많던 소년, 소녀 시절이 있었다.

불타오르는 로맨스도, 가슴 아픈 이별도 있었다. 20대 시절의 애틋했던 사랑 이야기를 듣다 보면, 순간순간 젊은 시절의 설렘과 떨림이 눈앞에 펼쳐지는 듯했다. 청춘이란 멀리 있는 것이 아니라, 그들의 기억 속에 생생하게 살아 있었다. 이야기를 나누는 동안, 나 역시 그들의 청춘을 함께 여행하는 기분이 들었다.

모든 순간이 마냥 행복했던 것은 아니었다. 힘든 시절을 억척스럽게 버텨야 했던 순간도 있었다. 배고픔을 견디며 가족을 위해 일해야 했고, 꿈을 접어야 했던 순간도 있었다. "다시 태어나면 뭘 하고 싶으세요?"라는 질문에, 누군가는 망설임 없이 "그때 못 해본 공부를 하고 싶어."라고 답했다. 그들의 삶을 듣는 것만으로도 가슴이 먹먹해졌다.

그중 여든이 넘은 한 어르신의 이야기가 나를 깊이 흔들었다. 이십 대 초반에 결혼해 1남 2녀를 키우며 세탁소를 운영한 그녀는 50년 넘게 좁은 세탁소 골방에서 일해왔다. 코로나로 남편을 잃고 임종도 지키지 못한 것에 허무함을 느꼈다고 한다. 남편이 떠나고 세탁소도 정리한 후, 한동안 집 밖을 나가지 않았다. 그러다 복지사의 권유로 프로그램에 참여하게 되었고, 조금씩 마음을 열 수 있었다고 했다. 프로그램이 있는 날이면 어떤 일이 벌어질까 설레며 하루를 시작한다고 했다.

"늦은 나이에 나를 찾는 작업이 이렇게 즐거울 줄 몰랐어요. 그동안 일하느라 내 삶은 없었는데, 이제야 내 인생을 사는 것 같아요. 5년만 더 다양한 경험을 하며 살고 싶어요."

그녀의 버킷리스트 또한 흥미로웠다. 소박한 바람들이 가득했다. 캠핑 가서 고기 구워 먹기, 나를 위해 100만 원 써보기, 친구들과 여행 가기, 혼자 남편 납골당에 가서 속마음을 털어놓기. 하나같이 평범해 보이지만, 그녀에게는 가슴 뛰는 도전이었다. 나를 위해 100만 원을 써보고 싶다던 그녀는 과정 중에 친구들과 함께 100만 원 이상을 들여 난생 처음 베트남 여행도 다녀왔다.

"내 옷을 입은 것처럼 자유로워요. 하루하루가 행복하고 설레요."

그녀의 환한 미소를 보며, 자기 발견이 가져다주는 기쁨을 다시금 깨달았다. 그 핵심에는 우리가 놓치지 말아야 할 감정, 바로 설렘이 있다. 설렘은 단순한 감정이 아니다. 그것은 우리가 살아 있음을 증명하는 감각이다. 사람들은 흔히 나이가 들면 설렘이 사라진다고 말한다. 하지만 정말 그럴까? 웰다잉 프로그램에서 만난 어르신들을 보며 깨달았다. 설렘은 젊음의 특권이 아니라는 것을. 그것은 삶을 어떻게 바라보느냐에 따라 언제든 되찾을 수 있는 감정이다.

하지만 우리는 이런 소중한 감정을 잊고 지낸다. 바쁘다는 이유로, 해야 할 일이 많다는 이유로, 혹은 그저 습관처럼 흘러가는 하루에 익숙해졌기 때문일지도 모른다. 그렇게 설렘이 사라지는 순간, 삶은 그저 견뎌야 하는 것이 되어버린다.

어르신들의 이야기를 들으며 나 자신을 돌아보았다. 나 역시 한때 설렘을 잃어버렸던 사람이었다. 직장 생활을 하면서 반복되는 일상에 갇혀, 언젠가부터 하고 싶은 일보다는 해야 할 일을 중심으로 살아가고 있었다. 그저 돈을 벌기 위해 출근하고, 의무적으로 하루를 보냈다. 출근길이 점점 무겁게 느껴졌고, 내 삶은 그저 '견디는 것'에 가까워졌다.

하지만 난생처음 100개나 되는 하고 싶은 일을 쓰며, 다시 설렘을 찾을 수 있었다. 처음에는 그저 하고 싶은 것들을 적어나가는 작업이었지만, 점점 나 자신을 마주하게 되었다.

"나는 무엇을 원할까?"
"내가 바라는 행복한 모습은 어떤 것일까?"

처음에는 잘 쓰지 못했지만 작은 것들로 하나씩 채워갔다.

100개를 채우기 위해 어쩔 수 없었지만 소소한 일상의 것들을
채워가는 과정이 흥미로웠다.

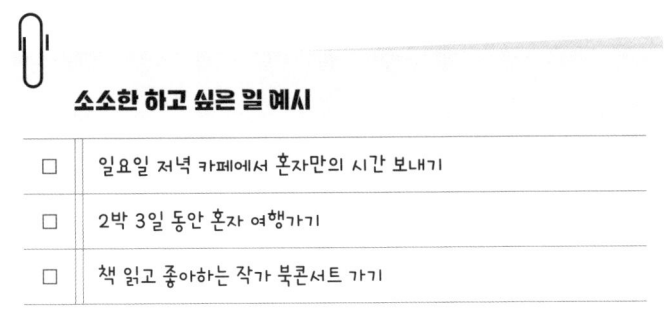

소소한 하고 싶은 일 예시

□	일요일 저녁 카페에서 혼자만의 시간 보내기
□	2박 3일 동안 혼자 여행가기
□	책 읽고 좋아하는 작가 북콘서트 가기

커다란 목표가 아니었다. 하지만 적어 내려갈수록 나의 희
미해진 설렘이 되살아났다. 커다란 성취가 아니더라도 일상의
작고 소소한 것들도 충분히 나를 자극한다는 것을 깨달았다. 이
렇게 만든 작은 변화들이 모여 일상이 조금씩 달라졌다. 지겹다
고만 생각했던 회사 생활도 새롭게 보였다. 설렘은 그렇게 나를
움직이게 했다. 연애를 시작한 연인들이 서로에게 설레며 자신
을 더 가꾸려 하듯, 설렘이 있는 삶은 나를 더 나은 방향으로 이
끈다. 조금 더 나아지고 싶다는 마음이 생겼고, 하루를 기계적
으로 흘려보내지 않게 되었다.

설렘은 단순한 감정이 아니다. 그것은 삶을 바라보는 태도

이며, 나를 성장시키는 원동력이다. 하고 싶은 일을 나열하는 것만으로도 무뎌졌던 감각이 되살아날 수 있다. 어쩌면 우리는 설렘을 잃어버린 것이 아니라, 스스로 묻어두고 있었던 것일지도 모른다.

그런 의미에서 내가 작성한 리스트는 거창한 목표가 아니었다. 무너져 버린 설렘을 복원하는 도구였다. 꼭 크고 대단한 것이 아니어도 괜찮다. 작고 소소한 것이라도, 우리가 진짜 원하는 순간을 발견할 수 있다면 그것만으로도 충분하다. 아침에 눈을 떴을 때, 출근길에서, 새로운 사람을 만나는 그 순간에도 설렘은 언제든 우리 곁에 있다. 결국, 설렘이란 우리 삶을 다시 발견하는 감각이다. 설렘을 따라가다 보면 더 진솔한 나 자신을 만나게 될 것이다.

설렘을 굳이 찾아야 하는 이유도 여기에 있다. 그것이야말로 내 삶에 성실해지는 방법이며, 진정한 행복으로 이끄는 길잡이가 될 것이다.

균형을
맞추는 일

워크숍을 진행할 때 마지막 활동으로 자신이 진짜 원하는 것을 한 문장 혹은 한 단어로 정리하는 시간을 갖는다. 다양한 가능성을 펼쳐본 뒤 그 안에서 중심을 추려내는 과정이다. 이때 가장 자주 등장하는 단어 중 하나가 바로 '균형'이다. 참여자 대부분이 직장인이고, 워라밸이 사회적 이슈로 떠오르다 보니 일과 삶 속에서 균형을 이루고 싶다는 바람이 자연스럽게 드러나는 듯했다. 여러 역할 사이에서 휩쓸리지 않고 싶다는 욕망이 '균형'이라는 단어로 수렴되고 있었다.

나 역시 균형 잡힌 삶을 원했기에 그들의 생각에 깊이 공감했다. 하지만 균형이라는 것이 실제 삶에서 어떻게 적용될 수 있을지에 대해서는 의문이 들었다.

8시간 일하고, 8시간 여가를 보내고, 8시간 잠을 자면 과연 균형이 이루어지는 걸까? 시간이 고르게 분배되면 그것이 곧 균형일까? 만약 마음이 이미 한쪽으로 기울어 있다면, 물리적 시간만 맞춘다고 해서 균형을 이뤘다고 말할 수 있을까?

퇴사 이후, 균형에 대한 고민은 더 깊어졌다. 프리랜서가 되면서 '퇴근'이라는 개념이 사라졌기 때문이다. 저녁에도 글을 쓰고, 강의 준비를 하고, 제안서를 보내는 일이 이어졌다. 일과 생활의 경계는 모호해졌다. 하지만 예전처럼 피로하지는 않았다. 끊임없이 일하고 있음에도 그 시간을 꽤 즐기고 있었고, 이상하게도 균형이 무너졌다는 불안감은 들지 않았다. 분명 물리적으로는 불균형한 삶이었지만, 오히려 균형감은 더 또렷하게 느껴졌다. 그렇다면 이런 삶은 언젠가 탈이 날 불균형일까? 아니면 나만의 리듬이 만들어진 걸까?

이런 고민이 깊어지던 무렵, 5년 넘게 워크숍에 참여한 유정 님과 인터뷰를 하게 되었다. 두 아이를 키우며 일하는 워킹맘인 그녀는 바쁜 일상 속에서도 다양한 도전을 즐기며 살아가고 있었다. 그런 그에게 물었다.

"그렇게 많은 일을 하면서도 어떻게 균형을 맞추고 있어요?"

유정 님의 대답은 인상 깊었다.

"그저 매 순간에 충실한 거예요. 내가 좋아하는 일, 집중하는 일은 때때로 바뀌어요. 무엇 하나에 중심을 두면, 언제나 한쪽으로 기울어지기 마련이죠. 그래서 완벽한 균형을 꿈꾸지 않아요. 다만, 지금 내 중심이 기울어져 있음을 인식하고, 받아들이죠. 시간이 지나면 자연스럽게 반대쪽으로 추를 맞추는 거예요. 긴 시간으로 보면 그게 결국 균형 잡힌 삶이라고 생각해요."

그녀의 말은 균형에 대한 내 시각을 새롭게 정리해 주었다. 완벽한 균형은 애초에 존재하지 않는 것일지도 모른다. 실험실 안에서나 가능한 일이다. 매 순간 흔들리는 나를 인식하고, 그때그때 조절해 나가는 감각이 균형이다. 짧은 시간 안에 균형을 맞추는 것이 아니라, 더 긴 흐름 속에서 조화를 이루려는 태도가 중요하다. 단기간의 불균형은 반드시 피해야 할 대상이 아니라, 때로는 필요한 과정일 수도 있다.

그런 점에서 균형에 대한 지나친 갈망은 오히려 자기 발견을 방해할 수 있다. 완벽하게 균형 잡힌 상태를 유지하려고 애쓰다 보면 새로운 시도와 도전을 망설이게 되기 때문이다. 반면, 불균형한 상태로 용감하게 들어가 보았을 때 오히려 자신의 열정과 욕망이 뚜렷해지기도 한다. 자기를 더 깊이 탐색하는 일은 때로 삶의 다른 영역을 소홀히 만드는 것처럼 보일 수 있다. 하지만 그런 몰입과 기울어짐은 장기적으로 자신만의 리듬을 회복하는 데 필요한 전환점이 되곤 한다. 무엇에 끌리는지, 무엇을 견디기 어려워하는지를 끈질기게 들여다보는 과정에서야말로 진짜 균형의 단초가 움튼다. 그것은 '균형을 위한 불균형'이며, 결국 나를 중심에 세우는 출발점이 된다. 역설적이게도 그런 불균형이 균형으로 이어진다.

유정 님은 매년 '하고 싶은 일 100개 쓰기'를 통해 그해의 방향을 정리해왔다. 처음엔 단순히 해보고 싶은 일을 적는 데서 시작했지만, 해를 거듭할수록 자신이 어떤 일에 끌리고, 무엇에 오래 머무는지를 더 잘 알게 되었다.

100개를 모두 실천해야 한다는 부담은 없었다. 다이어리 앞장에 붙여두고 가끔 들춰보는 정도였지만, 그 과정을 통해 생각보다 많은 것들을 실행에 옮길 수 있었다. 중요한 건, 그 목록을 통해 자신이 에너지를 쏟고 싶은 영역과 그렇지 않은 영역을 구분할 수 있었다는 점이다. 몰입의 방향이 선명해졌고, 덕분에 삶의 다양한 역할 사이에서 '나'를 중심으로 생각할 수 있었다.

그녀에게 이 리스트는 단순한 목표 관리 도구가 아니었다. 몰입의 우선순위를 정하고, 일과 삶의 에너지를 어디에 두어야 할지를 조율하는 하나의 '균형 나침반'이었다. 리스트는 매번 100개였지만, 해마다 중심은 달라졌다. 그리고 그 중심을 따라가다 보면 삶의 기울기도 자연스럽게 조정되었다.

이 과정에서 우리는 두 가지 중요한 요소를 발견할 수 있다. 바로 '몰입'과 '조절 능력'이다. 유정 님은 자신이 좋아하는 일과 집중할 수 있는 일에 몰입함으로써 진정한 자아를 발견해 나갔다. 동시에 리스트를 통해 자신의 삶을 스스로 통제하는 능력을 키워나갔다.

몰입은 자기 발견 과정에서 핵심적인 역할을 한다. 어떤 활동에 몰입할 때, 우리는 자신의 진정한 모습을 마주하게 된다. 몰입은 시간에 대한 인식을 변화시키고, 평소에는 지나쳤던 작은 순간들의 아름다움을 발견하게 한다. 이는 단기적으로 불균형한 것처럼 보일 수 있지만, 장기적으로는 더욱 깊이 있는 자기 이해로 이어질 수 있다. 내가 몰입할 수 있는 것을 발견했다는 것, 그것을 하는 동안 시간이 빠른 속도로 흘러간다는 것은 분명 내가 좋아하는 것을 구체화하는 작업이다.

유정 님에게 철인 3종이 그랬다. 그해의 중심 도전 과제로 삼아 꾸준히 훈련하며 체력을 키웠고, 완주라는 큰 성취감을 얻었다. 그 경험은 단지 체력 향상이나 성취감으로 끝나지 않았다. 유정 님은 그 도전 속에서 '나는 어떤 방식으로 목표를 세우고, 어떻게 꾸준함을 유지하는 사람인가'를 확인하게 되었다. 혼자 또는 동호회 사람들과 훈련을 이어가는 과정, 불안한 감정을 다루는 방식, 일정한 리듬을 만들기 위해 스스로를 다잡는 패턴, 이 모든 것이 그녀만의 리듬과 태도를 알게 해주었고 그것은 곧 자기를 이해하는 새로운 언어가 되었다.

물론 철인 3종에 몰입하는 동안 다른 일들에 쓰던 시간과 에너지는 줄어들 수밖에 없었다. 독서나 자기 계발 활동이 이전보다 줄었고, 일상 루틴도 다소 흔들렸다. 하지만 유정 님은 그것을 실패나 불균형으로 보지 않았다. 오히려 그 몰입이 자신에게 진짜 중요한 게 무엇인지 확인하는 기회였다고 말했다.

단기적으로는 삶의 일부가 소외되는 것처럼 보였지만, 그 시간은 자신을 더 깊이 탐색한 시간이었다. 무엇을 포기하고, 어디에 머무는지를 통해 자신만의 리듬을 감각적으로 익혀 나갔다. 그렇게 잠시 기울어진 시간을 지나온 후, 그녀는 다시 다양한 역할들을 이전보다 더 안정적으로 조율할 수 있었다.

여기서 우리가 꼭 유념해야 할 균형의 두 번째 원리는 바로 '조절 능력'이다. 균형을 잡는다는 것은 내가 하고 싶은 일을 알고 그것에 충실한 자세를 의미한다. 하지만 우리는 단 하나의 역할만 수행하는 존재가 아니다. 살다 보면 다양한 역할을 맡게 된다. 균형은 이 모든 역할을 인식하고 조절하는 과정에서 찾아진다. 하고 싶은 일에 몰입하면서도, 다른 역할을 소홀히 하지 않도록 조율하는 것이 균형을 이루는 핵심이다.

이러한 조절 능력은 자동차 운전과 비슷하다. 자율주행 기술이 발달했지만 우리는 여전히 운전대를 잡고 도로를 주시한다. 모든 상황을 통제하진 못하더라도, 방향을 바꿀 수 있다는 생각이 우리를 안심시킨다. 일상도 마찬가지다. 통제는 불가능하더라도 조율은 가능하다. 준비된 조절 능력이 있을 때 우리는 몰입 속에서도 균형을 유지할 수 있다.

　진정한 균형은 단순히 시간을 고르게 나누는 일이 아니다. 더 깊은 차원의 균형은 물리적 구분이 아니라 '내 삶의 에너지와 감각이 어디로 흐르고 있는지를 인식하고 조율하는 능력'에 가깝다. 몰입을 통해 자신의 열정을 발견하고, 조절을 통해 다양한 삶의 요소를 인식하며, 변화하는 흐름 속에서 스스로를 조정해 나가는 것을 의미한다.

　그런 의미에서 균형이란 나만의 리듬을 찾아가는 과정이다. 때로는 기울어짐을 받아들이고, 그 기울기를 조율하며 다시 중심으로 돌아오는 것이다. 순간의 불균형을 두려워하지 않고, 긴 흐름 속에서 조화를 이루려는 태도이며, 아직 조화롭지 않더라도 조화를 향해 나아간다고 믿는 마음이다. 그것이야말로 진정한 균형이며, 중심을 잡고 살아가는 방법이다.

흔들리는 게
상수야

　우리 삶은 마치 거친 바다를 항해하는 배와 같다. 끊임없이 밀려오는 파도 속에서 흔들리는 건 당연하다. 이때 흔들리지 않으려고 안간힘을 써도 소용없다. 우리에게 필요한 건 흔들리지 않는 단단함이 아니라, 흔들림 속에서도 중심을 잡고 넘어지지 않는 능력이다. 설사 넘어지더라도 파도에 휩쓸리지 않고 다시 일어나 중심을 잡으려는 태도가 중요하다.

　청소업을 운영하시는 성환 님 역시 올해 초 거센 파도 앞에 섰다. 시장 경쟁은 점점 더 치열해졌고, 예전 같지 않은 상황에 마음까지 무거워졌다. 열심히 해도 수익은 예전만 못하다 보니 일을 이어갈 수 있을지 불안했다. 그런 그는 하고 싶은 일 100개를 쓰는 과정에서 다시 마음을 다잡을 수 있었다. 덕분에 새로운 도전을 해볼 용기를 얻었다고 한다. AI를 접했고, 생성형 AI에 대한 강의를 찾아 듣게 되었고, 그동안 끙끙대며 혼자 했던 일들을 AI의 도움을 받아 효율적으로 처리할 수 있었다.

그동안 하지 않았던 일에도 용기를 내었다. 새로운 제안을 받았지만 손이 많이 가는 일이었다. 혼자서 하기에는 감당하기 어려운 수준이었지만 위기 의식을 느끼고 그냥 한번 해보기로 했단다. 청소 관련 사전 준비에 골머리를 앓았지만, 막상 해보니 가능한 일이었다고 했다. 덕분에 큰일을 맡게 되면서 숨통을 틔울 수 있었다고 했다.

생각해 보면 시련은 수시로 닥쳐온다. 크든 작든 그것들이 우리를 힘들게 하고 쓰러지게 만든다. 하지만 그때마다 우리가 잊지 말아야 할 말이 하나 있다. 바로 한쪽 문이 닫히면 새로운 다른 문이 열린다는 말이다. 힘들다고 생각할 때 새로운 기회가 생길 수 있다는 말이다. 그때 새로운 문을 잘 두드리고 열어보는 용기가 필요하다. 그것을 성환 님의 행동에서 느낄 수 있었다.

나 또한 비슷한 일을 수시로 겪는다. 한번은 하고 싶은 일을 정리하는 과정이 전혀 신나지 않았다. 일에서 느끼는 기쁨과 보람과 별개로 흔들렸다. 특히 퇴사 후 불안감은 더욱 커졌다. 직장이라는 든든한 울타리가 없으니 당연했다. 불안감이 확대

재생산되다 보니 하고 싶은 일이 쉽게 써지지 않았다.

그렇다고 불안이 춤추고 있게 놓아둘 수는 없었다. 다시 마음을 잡고 하고 싶은 일을 써 내려갔다. 덕분에 불안한 마음은 잦아들었고 천천히 나를 다시 바라볼 수 있게 되었다. 그때 '자기 신뢰'라는 말이 문득 떠올랐다. 불안해하는 모습에서 나를 믿는 마음의 부재가 느껴졌다고 해야 할까? 지금까지 잘해왔고, 앞으로도 하나씩 해 나가면 될 것 같은데 내가 나를 못 믿고, 주변의 사람들과 상황을 못 믿고 불안해한다는 것을 알 수 있었다. 어쩌면 나를 들여다보는 것만으로도 내가 잘 살고 있고, 앞으로 잘 살 것이라는 믿음을 느끼는 것 같았다. 100개의 리스트가 제발 나 자신을 믿으라고 외쳐주는 것 같았다.

자기에 대한 믿음의 이야기는 워크숍에 참석한 한 고등학생으로부터 다시 한 번 접할 수 있었다. 그녀는 자기를 위한 선물로 '나를 학대하지 않기'를 적을 정도로 경쟁 환경에서 불안해하고 힘들어했다. 그녀는 워크숍을 통해 자신을 더 긍정적으로 바라볼 수 있게 되었다고 말했다. 학교생활 중 자주 느끼던 열등감에서 벗어나, 자신의 가치를 재발견하는 계기가 되었단다.

우리는 종종 끊임없는 경쟁 속에서 자신의 가치를 잃어버리곤 한다. 특히 입시 지옥이라 불리는 환경 속에서 자라는 청소년들에게 스스로를 긍정적으로 바라보게 하는 것은 꽤 어려운 일이다. 항상 비교하게 되는 게 그들의 삶이다. 하지만 버킷리스트를 작성하는 과정은 이러한 일상적인 압박에서 잠시 벗어나 자신의 내면을 들여다볼 수 있는 기회를 제공한다.

끊임없이 자신이 하고 싶은 것들을 쓰는 과정은 단순한 목록 작성 이상의 의미를 지닌다. 10개, 20개를 넘어서 그 이상의 꿈과 목표를 적어 내려가면서 참가자들은 점차 희망과 설렘을 느끼게 된다. 이는 단순히 목표의 크기나 중요성 때문이 아니라, 자신이 꿈꿀 수 있는 능력이 있다는 사실을 재확인하는 과정이기 때문이다.

더욱 흥미로운 점은 이 과정을 통해 참가자들이 자신의 내면을 더 깊이 들여다보게 된다는 점이다. 그러면서 '어라? 나 생각보다 괜찮은 것 같은데?', '내 인생도 그리 나쁘지 않은 것 같은데?'라는 생각을 하게 된다. 단순히 하고 싶다는 것을 쓰는 것에 불과할 수 있지만, 스스로에 대해서 긍정적으로 생각하게 만드는 것이다. 이런 깨달음은 자주 우울하고 무가치하다고 여겼던 자신의 모습을 새롭게 바라볼 수 있게 해준다.

불안해하고 있던 나도, 고등학생 참여자도 이런 비슷한 감정을 느낀 것 같았다. 자기를 깊게 바라보는 것만으로도 자기에 대한 믿음을 발견하게 된 것이다.

흔히들 하고 싶은 것을 쓴다고 생각하면 뻔한 거 한다고 생각한다. 솔직히 뻔한 게 맞다. 하지만 쭉 내가 하고 싶은 것을 쓴다는 것은 미래의 목표를 나열하는 것 이상의 의미를 지닐 수 있다. 그것은 자신의 내면에 숨겨진 열정과 가능성을 발견하는 여정이다. 그것이 바로 자기 발견이다.

자기에 대한 발견은 자신을 조금 더 긍정적으로 생각하게 만든다. 꿈을 꾼다는 것 그 자체로 자기가 괜찮은 사람이라고 생각하게 한다. 그리고 우리가 자신을 진정으로 아끼고 사랑할 수 있다는 사실을 깨닫는 순간, 그것은 또 다른 행복으로 이어진다. 단순한 자기만족이 아니라 자기에 대한 이해로부터 비롯되는 진정한 자존감의 회복이 아닐까 싶다. 뻔한 것을 쓰지만 뻔하지 않게 되는 과정이 바로 하고 싶은 것을 쓰는 시간이 아닐까 싶다. 자신의 가치를 재발견하고 삶의 의미를 되새기는 소중한 시간이다.

흔들리는 것은 피할 수 없는 삶의 일부다. 우리의 삶은 광고 속 흔들리지 않는 침대와는 다르다. 중요한 것은 흔들림을 어떻게 받아들이고 대처하느냐이다. '아, 내가 흔들리고 있구나'라고 인정하는 것에서부터 시작해, 그 흔들림 속에서 무엇을 배울 수 있는지를 고민하는 것이 필요하다. 결국 흔들리는 건 상수고, 그 속에서 어떻게 대응하느냐가 변수다. 우리는 흔들림 자체를 없애려 하기보다는, 그 속에서 어떻게 성장하고 변화할 수 있을지를 고민해야 한다. 그리고 그 고민의 시간 자체가 우리를 더 단단하게 만들어준다.

우리는 모두 불안과 흔들림 속에서 살아간다. 하지만 그 속에서도 우리는 끊임없이 성장하고 피어난다. 흔들리는 것을 두려워하지 말자. 그것은 우리가 살아 있다는 증거이며, 더 나은 모습으로 변화할 수 있는 기회이다. 흔들림을 받아들이고, 그 속에서 자신만의 중심을 찾아가는 과정에서 우리는 자기 신뢰를 쌓아갈 수 있다.

무엇보다 중요한 것은 흔들리는 순간에도 스스로에 대해 생각하는 시간을 갖는 것이다. 그 시간 동안 우리는 우리 자신과 더 깊이 마주하게 되고, 진정으로 원하는 것이 무엇인지 알아갈 수 있다. 이런 자기 성찰의 시간은 그 자체로 충분히 가치 있으며, 우리를 더 단단하고 균형 잡힌 사람으로 만들어준다.

결국, 흔들리는 삶 속에서 중심을 잡는 것은 외부의 안정성에 의존하는 것이 아니라, 내면의 힘을 키우는 것에서 시작한다. 자기 탐색과 발견은 그 내면의 힘을 키우는 하나의 방법이 될 수 있다. 우리가 꿈꾸는 것들, 이루고 싶은 것들을 정리하면서 우리는 자신의 가치와 잠재력을 재확인하게 되는 셈이다.

앞으로도 우리 삶에는 수많은 파도가 밀려올 것이다. 때로는 거센 폭풍우를 만나기도 할 것이다. 하지만 성환 님처럼, 자기를 잘 들여다보는 것만으로도 내면의 힘을 키울 수 있다. 불안이 잡고 있던 운전대를 자기 신뢰의 마음으로 다시 붙잡는다면, 우리는 다시 중심을 세우고 앞으로 나아갈 수 있을 것이다.

내가 나를
응원한다

　　워크숍에서 서로의 자기 발견을 이야기하고 정리하는 시간을 가질 때, 꼭 빠지지 않는 활동이 있다. 바로 서로에게 응원의 한 마디를 남기는 작업이다. 이때 항상 강조하는 것이 있다. 응원과 조언은 다르다는 점이다. 응원은 상대방이 힘을 낼 수 있도록 격려하고 지지해 주는 것이다. 따뜻한 말 한마디가 용기를 북돋우고, 있는 그대로의 자신을 인정받는 느낌을 주기도 한다. 반면, 조언은 상대방에게 도움이 될 수 있도록 내 기준에서 해결책이나 방향을 제시하는 것이다.

　　응원과 조언 모두 소중한 말이지만, 받아들이는 사람의 입장에서는 다르게 느껴질 수 있다. 조언이 때로는 부담스러울 때도 있다. 조언을 들으면 오히려 답답한 마음이 올라오기도 한다. 실질적인 방법을 제시할 수 있지만, 때로는 오지랖처럼 느꺼지거나, 듣는 이를 위축시키거나, 불필요한 압박을 주기도 한다. 조언을 계속 듣다 보면 마치 '이렇게 안 하면 안 된다'라는 강박이 생기기도 한다.

그래서 요즘 시대에는 조언보다 응원이 더 필요하다. 스스로 답을 찾을 수 있도록 돕고, 그걸 충분히 잘 해낼 수 있다고 북돋아 주는 것이 훨씬 큰 힘이 된다. 누군가의 응원을 받으면 부족했던 믿음과 용기가 채워지는 느낌이 든다. 워크숍에서 조언이 아닌 응원의 말을 전하라고 강조하는 것도 이런 이유 때문이다. 자기 자신을 발견하는 과정에서 가장 중요한 것은 있는 그대로의 자신을 인정받고 믿음을 갖는 경험이다. '잘하고 있어.' '화이팅!' 같은 짧고 뻔한 말이라도 필요한 순간에 들으면 예상보다 훨씬 큰 힘이 될 수 있다.

응원은 타인에게 받은 것으로 끝나지 않는다. 다른 사람의 응원을 듣고 나면, 마지막에는 스스로를 응원하는 것으로 마무리한다. 다른 사람들에게 받은 응원도 분명히 큰 힘이 되지만, 자기 응원은 더욱 진한 감동과 깊은 울림을 준다. 자신의 이름을 불러주고, 사랑한다고 말해보는 것이다. 그 과정을 통해 우리는 그동안 잊고 지냈던 '나'를 다시 바라보게 된다.

실제로 응원이 얼마나 큰 힘이 되는지는, 워크숍에서 만난 한 참가자의 이야기를 통해 더욱 실감할 수 있었다. 40대와 50대 학원 원장님들을 대상으로 한 워크숍에서 특별한 경험을 했다. 대부분 워킹맘이었던 참가자들은 처음에 하고 싶은 것을 쓴다는 것에 낯설어했다. 그들은 늘 타인의 욕구를 들어주느라 자신의 진정한 욕망을 잊고 살았던 것이다. 하지만 차근차근 생각을 풀어가며, 그들은 자신의 진짜 바람을 발견해갔다. 서로의 리스트로 소통하는 과정에서 공감도 하고 응원도 했다. 비슷한 처지라서 그런지 소통 또한 깊었다. 서로의 행복을 빌어주는 시간, 내 마음도 몽글몽글해지는 느낌이었다. 워크숍 말미에는 전체를 정리하는 과정으로 참가자들은 각자의 1년 계획을 한 문장으로 요약하고 자신을 응원하는 문구도 작성했다. 그때 한 참가자가 울음을 터뜨렸다. 그녀의 후기는 이 과정이 얼마나 큰 의미가 있었는지를 보여주었다.

"리스트 100개가 선물 같았어요. 변화가 필요하다고 느꼈을 때, 어떻게 시작해야 할지 몰랐는데, 이제 그 길을 찾았어요. 과거, 현재, 미래의 내 모습을 영화처럼 볼 수 있었죠. 몰랐던 내 안의 욕구를 발견하게 되어 너무 기뻐요."

그녀의 자기 응원 문구는 더욱 감동적이었다.

"지금까지 헛되지 않게 열심히 살아왔으니, 이제는 더 늦기 전에 나 자신을 위한 시간을 가져도 돼요."

응원 문구에는 자신을 인정하고 사랑하겠다는 결심이 담겨 있었다. 자기 자신을 위해 살고 싶다는 마음에서 감정이 북받쳤는데, 응원의 한 마디가 눈물 버튼을 눌러버리고 말았단다. 나 또한 살짝 눈시울이 붉어졌다.

이 경험은 자기 응원의 중요성을 깨닫게 해주었다. 우리가 얼마나 자주 자신의 욕구를 무시하고 살아왔는지, 그리고 스스로를 응원하는 것이 얼마나 강력한 변화의 동력이 될 수 있는지를 느낄 수 있었다.

또한 자기 자신에게 진심 어린 응원을 하려면 구체적으로 자신을 들여다봐야 한다는 것도 확인했다. 100개의 하고 싶은 일을 써보는 과정은 단순히 목표를 나열하는 것이 아니라 내면을 깊이 들여다보는 작업이다. 하나씩 내 생각을 꺼내보는 과정에서 내가 어렸을 때 갖고 있던 꿈을 떠올리기도 하고, 주변의 사람들을 돌아보기도 한다. 자신에게 쉼의 의미를 찾고, 의미 있는 삶을 살기 위해 어떤 노력이 필요한지도 고민한다. 다양한 각도에서 나를 바라본다. 깊이 들여다보는 과정에서 찾게 되는 나의 모습이야말로 보물상자를 찾은 것처럼 기쁜 일이다. 그 과정에서 나오는 응원이기에 더 강력한 도구가 될 수 있다. 진심을 담아서 나 자신에게 힘을 북돋아 주게 된다.

그런 의미에서 하고 싶은 것들을 계속해서 기록하며 그것을 구체화하는 과정은 우리 내면의 부정적인 목소리를 긍정적인 자기 응원으로 바꾸는 실천적 방법이 될 수 있다.

이외에도 일상에서 자기 응원을 실천하는 방법은 다양하다. 매일 아침 거울을 보며 자신에게 긍정적인 말을 건네는 '긍정 확언'은 간단하면서도 효과적인 방법이다. 또한, 감사 일기를 쓰는 것도 좋다. 매일 밤 그날 있었던 작은 성취나 감사한 일들을 적어보면, 자연스럽게 자신의 가치를 인식하고 응원하게 된다.

'자기 칭찬 노트'를 만드는 것도 좋다. 매주 자신이 잘한 일, 극복한 어려움, 느낀 성장 등을 기록하는 것이다. 이를 통해 우리는 자신의 강점과 성장을 객관적으로 인식할 수 있게 된다. 더불어, 명상이나 마음챙김 연습도 자기 응원에 도움이 된다.

나는 수시로 "나는 할 수 있다"라고 크게 외친다. 큰소리로 외칠수록 내 귀에 더 각인되는 느낌이다. 물론 사람이 많은 곳에서 하면 오해를 살 수 있어서 아무도 없는 곳에서 한다. 처음에는 어색했지만, 이 작은 습관이 나의 자신감을 크게 높여주었고, 실제로 더 나은 결과를 얻는 데 도움이 되었다.

어떤 방법이든 내가 잘하고 있다고, 앞으로도 잘할 것이라고 타인의 목소리가 아닌 나의 목소리로 직접 나를 격려해주고 쓰다듬어 주는 것이 필요하다. 그리고 진짜 중요한 것은 이 중 자신에게 가장 잘 맞는 방법을 찾아 꾸준히 실천하는 것이다.

자기 응원이 항상 쉬운 것은 아니다. 특히 실패를 경험했거나 주변의 부정적인 피드백에 직면했을 때, 우리는 쉽게 자기 의심에 빠지곤 한다. 완벽주의 성향이 강한 사람들은 자신의 노력을 인정하고 칭찬하는 것을 어려워할 수 있다. 이럴 때는 천천히 자기를 들여다보는 것만으로도 큰 도움이 된다. 앞 장에서 이야기했듯이 흔들릴 때 나를 바라보는 것만으로도 중심을 잡는 힘이 생긴다.

결국, 진정한 의미의 자기 성실은 스스로를 깊이 이해하고 꾸준히 응원하는 데서 시작된다. 이는 단순한 긍정적 사고가 아닌 자신의 욕구를 인정하고 그것을 향해 나아가는 용기이다. 자주 자신을 응원하고 격려할 때, 삶의 어려움을 극복하고 나를 위한 삶을 살 수 있게 된다.

현대 사회에서 자기 응원의 필요성은 더욱 커지고 있다. 끊임없는 경쟁과 비교, SNS 속 타인의 삶에 대한 과도한 노출 등은 우리의 자존감을 위협한다. 이런 상황에서 자기 응원은 정신 건강을 지키는 중요한 방패막이 될 수 있다.

얼마나 자주 스스로를 응원하고 있는지 돌아볼 필요가 있다. 도전하는 나를 진심으로 응원하는 것, 그것이야말로 나를 정성스럽게 보살피고, 나에게 성실한 최고의 태도일 것이다. 나에 대한 작은 응원이 우리 삶을 변화시키는 큰 힘이 될 것이다.

나를 중심으로
성실하게 사는 법

국립국어원 표준국어대사전에서는 '성실하다'를 '정성스럽고 참되다'라고 풀이한다. '성실誠實'은 진실될 성誠과 열매 실實이 합쳐진 말이다. 한자 그대로 해석하면 말과 행동에 성의를 다해 실질적 열매를 맺는 태도를 가리킨다.

'성실'의 의미를 따라가 보면 성실은 결국 자기 자신에게로 향할 수밖에 없다. 성실은 진실됨을 바탕으로 한다. 그런데 내가 원하는 것을 모르고 남이 정한 기준에 따라가면 그것은 진실됨과는 거리가 있을 수 있다. 따라서 성실하기 위해서는 결과 자체도 중요하지만, 그 이전에 내가 진짜 원하는 것을 알아차리는 것이 먼저다. '나'의 생각과 감정을 살펴야 참된 성과를 낼 수 있다.

그런 의미에서 나에게 성실하기란, 내면의 목소리를 듣고 그것을 존중하는 과정이다. 나를 보살피고 안아주면서, 진짜 '나'를 찾아가는 과정이 우선되어야 한다.

앞서 우리는 나에게 성실한 태도에 대해 살펴보았다.

성실한 삶을 살기 위해 필요한 것

☐	나를 직접 들여다보며 설레는 감정을 되찾는 것
☐	물리적 균형보다는 온전한 집중의 중요성
☐	삶의 흔들림을 받아들이고 그 속에서 균형을 잡는 법
☐	자신을 응원하는 것

이는 결국 자신을 더 깊이 이해하고, 진정한 자아를 발견하는 과정에서 얻을 수 있다.

2018년 1월부터 100개의 하고 싶은 일 리스트를 꾸준히 써온 경험은, 어떻게 하면 자신에게 성실할 수 있을까에 대해서 고민하고 실천하게 했다. 매년 나의 바람을 정리하면서 나는 그저 목표를 세우는 것이 아니라, 나 자신을 깊이 들여다보는 경험을 하게 되었다.

직장 생활과 육아로 바쁜 나날을 보내고 있을 때, 나는 이 방법을 처음 접했다. 당시 직장생활도 나쁘지 않았고, 노력하면 승진의 길도 열려 있었다. 아이들도 무탈하게 잘 자라고 있었다. 하지만 자꾸만 '이렇게 사는 게 맞을까?' 하는 회의감이 들었다. 열심히 살고 있었지만, 이 삶이 정말 나를 위한 것인지 확신이 서지 않았다. 대부분의 직장인들이 이렇게 산다고 위로해 보았지만 위로가 오래가지는 않았다. 매월 들어오는 안정적인 월급이 위안이 되기는 했지만, 삶이 점점 '그냥 버티는 것'처럼 느껴졌다.

그때 내가 마주한 것이 바로 1년 동안 하고 싶은 일을 써보는 일이었다. 처음에는 '이걸 쓴다고 뭐가 달라질까?' 하는 의문이 들었지만, 쓰다 보면 뭔가 보인다고 해서 호기심에 도전해보기로 했다.

하지만 100개를 채우는 것은 예상보다 어려웠다. 그만큼 내 안에 '내가 하고 싶은 것'이 많지 않다는 뜻이었다. 원하는 것이 떠오르지 않았고, 내가 진짜 바라는 게 무엇인지 고민하는 과정 자체가 어색했다. 며칠 동안 끊임없이 질문을 던지며 하나둘 적어 내려가다 보니 그동안 잊고 지냈던 바람들, 한때 꿈꿨지만 미뤄두었던 것들, 그리고 무의식 속에 감춰두었던 욕구들을 발견하게 되었다.

이렇게 적어 내려간 것은 단순한 목록이 아니라, 그해의 나를 안내하는 지도가 되었다. 모든 항목을 실천하지는 못했지만, 그 자체로 삶의 방향과 에너지를 불어넣어 주었다. 덕분에 내 삶의 나침반을 조금씩 틀 수 있었다.

1년이 지나고, 나는 새로운 출발을 다짐하며 한라산에 올랐다. 1월의 한라산은 상상 이상으로 아름다웠다. 소복이 쌓인 눈은 마치 겨울왕국에 온 것 같은 착각을 불러일으켰다. 정상에 올라 눈앞에 펼쳐진 운해와 백록담을 바라보며, 환하게 잇몸 만개한 웃음을 지었다. 그 순간 깨달았다. 내게 중요한 것은 이렇게 환한 웃음을 지켜가는 것이라는 사실을 말이다. 그 마음으로 나는 다시 1년 동안의 바람을 정리했다.

'어떻게 하면 이렇게 환한 웃음을 자주 만들 수 있을까?'

행복에 대한 질문을 스스로에게 던지면서 휴직을 결심했고 덕분에 회사 밖에서의 새로운 행복을 마주할 수 있었다. 물론 수시로 흔들리기도 했지만, 그 흔들림 속에서도 중심을 잡아갈 수 있었다.

그 이후로 매년 자기 탐색 시간을 리추얼로 만들었다. 한 해를 시작하며 새로운 마음으로 나를 들여다보았고, 매년 내 감정과 생각이 달라지는 것을 느꼈다. 때로는 기대보다 더 나아지기도 했고 때로는 힘들고 지치는 시기도 있었다. 하지만 그럴 때마다 스스로에게 질문을 던지며 내 상태를 알아차릴 수 있었고, '어떻게 하면 나에게 더 성실할 수 있을까?'를 고민할 수 있었다.

그러면서 아래의 질문에 대해서 조금씩 답할 수 있었다.

내가 진짜 원하는 것은 무엇일까?
나는 무엇을 하면 설레는가?
나는 무엇을 할 때 가장 나답다고 느끼는가?

처음에는 낯설고 어려웠던 질문들이었지만, 매년 하고 싶은 일들의 목록을 채우면서 조금씩 질문들에 대한 답을 뚜렷하게 만들었다. 여전히 흔들리고 조금씩 답이 바뀌기도 하지만, 시간이 지날수록 중심을 지탱하는 뿌리는 더 깊게 박히고 있는 것 같다.

목록을 채워나가는 과정이 단순히 할 일을 나열하는 것을 넘어 자기 탐색의 시간이 되었기 때문이다. 100개를 쓰다 보면 처음에는 표면적인 바람에서 출발하지만, 점점 더 깊이 고민하게 되면서 나도 몰랐던 내면의 욕구를 발견하게 된다. 20~30개 정도는 쉽게 떠오르지만, 50개를 넘어가면서는 더 깊은 곳에 자리한 진짜 나의 바람과 만나게 된다. 그리고 마지막까지 채우고 나면, 단순한 욕망을 넘어 내가 진정으로 원하는 삶의 방향성이 선명해진다.

그렇게 나에게 더 진실하게 다가가고 나에게 성의를 다하는 법을 100개를 쓰고 실천하는 과정에서 터득할 수 있었다.

이제 이런 경험을 기반으로 '어떻게 하면 나에게 성실한 삶을 살 수 있을까?'라는 질문을 보다 체계적으로 살펴볼 차례다. 나를 중심으로 성실하게 살아가는 과정의 핵심은 내가 진짜 원하는 것을 찾는 법이다. 이를 위해서는 단순히 리스트를 작성하는 것에서 그치지 않고 하나의 순환 구조를 만들어야 한다. 나를 관찰하고 하고 싶은 것을 탐색하고, 정리와 실천까지 한 후, 또다시 관찰하면서 조정하는 작업을 반복하면 조금씩 원하는 것이 선명해진다. 이를 '자기 발견의 순환 사이클'로 정리해 보았다.

이 과정은 다음의 다섯 단계로 이루어진다.

성실한 삶을 위한 5단계

☐	가. 자기 관찰 : 나를 있는 그대로 바라보는 과정
☐	나. 자기 탐색 : 내가 진짜 원하는 것을 찾아가는 과정
☐	다. 정리 및 설계 : 다양한 가능성을 고려하며 방향을 정하고 실행 계획을 세우는 과정
☐	라. 실행 : 행동으로 옮기는 과정
☐	마. 조정 : 경험을 바탕으로 다시 관찰하고 조정하는 과정

여기서 중요한 점은, 이 다섯 단계는 선형적인 과정이 아니라는 점이다. 우리는 처음부터 완벽한 방향을 찾을 수 없다. 그래서 중요한 것은, 한번 설정한 목표를 고집하는 것이 아니라, 경험을 통해 나를 다시 바라보고, 필요한 변화를 수용하는 것이다. 그런 면에서 조정의 작업은 1단계의 관찰과도 같은 맥락이다. 즉 다양한 경험으로 나를 다시 바라보며, 변화된 욕구를 파악해서 스스로를 조정한다. 그리고 자기 탐색을 하는 단계로 다시 이어진다. 그 과정을 계속하다 보면 '나'라는 우주의 문을 조금씩 열 수 있게 된다. 이 과정을 반복하다 보면, 우리는 더 나은 방향으로 나아갈 수 있는 유연한 성실함을 얻게 된다.

이제부터 본격적으로 성실한 삶을 위한 다섯 단계를 따라가며, 나를 중심으로 살아가는 법을 살펴보자.

제2부

진짜
성실한 삶을 위한
5단계

나에게 성실한 삶을 위해
꼭 필요한 세 가지

진짜 성실한 삶의 의미가 무엇인지, 그리고 이를 위해 필요한 다섯 가지 단계를 소개했다. 이번 장에서는 각 단계를 구체적으로 살펴보기 전에, 이 과정을 실천하는 데 필요한 세 가지를 먼저 짚어보고자 한다. 이는 모든 과정에 공통적으로 적용되는 원칙이자 나를 더 선명하게 이해하는 방법이 될 것이다.

나에게 시간 내어주기

꾸준히 나를 탐색하고 원하는 것을 찾아가고 그것을 실천하면서 조정하는 작업은 마치 파도 속에서 흔들리는 배의 중심을 잡아가는 것과 같다. 흔들릴 때마다 무엇에 집중해야 할지 알게 되고 흔들려도 괜찮다고 스스로에게 말해준다. 하지만 이 과정에서 반드시 필요한 것이 있다. 바로 나 자신을 위해 시간을 내어주는 것이었다.

내게 그 시작은 버킷리스트 100개를 작성하는 것이었다. 처음에는 단순히 하고 싶은 일을 쭉 써 내려가다 보면, 나의 진짜 바람이 툭 튀어나올 거라는 기대로 시작했다. 하지만 100개를 채운다는 것은 생각보다 어려운 일이었다. 처음 해보는 일이었고, 그동안 깊이 고민해 본 적이 없었기 때문에 쉽게 떠오르지 않았다. 그래도 한번 끝까지 채워보고 싶었고, 사흘 동안 끙끙대며 고민한 끝에 결국 100개를 다 채울 수 있었다. 그 과정에서 뜻밖의 경험을 했다. 곧바로 내가 원하는 것들이 명확해진 것은 아니었지만, 크고 작은 바람들을 하나씩 적어나가면서 새로운 설렘을 느낄 수 있었다.

맨 처음에는 목표를 설정하고 하고 싶은 일을 찾는 것이 목적이었다. 하지만 돌이켜보면 100개를 채우는 사흘의 시간은 나 자신을 깊이 들여다보는 과정이었다. 단순히 목록을 작성하는 것이 아니라, 나를 위해 기꺼이 시간을 내어주는 일이었다. 덕분에 나는 나에 대해 다양한 질문을 던지며 고민할 수 있었다. 내가 뭘 좋아하는지, 어떤 순간에 행복을 느끼는지, 무엇을 하면 설레는지 깊이 생각해 볼 수 있었다. 물론 단번에 답을 찾은 것은 아니었지만 그 과정 자체가 중요한 의미였다.

100개를 채우는 것이 어려웠던 것은 단순히 하고 싶은 일이 없어서가 아니었다. 오히려 진짜 내 마음을 들여다보는 것이 익숙하지 않았기 때문이었다. 매년 100개의 목록을 쓰면서 나는 나와 점점 더 친해질 수 있었다. 뭘 써야 할지 몰라 막막한 순간도 있었고, 새로운 것들을 해보고 싶은 마음에 설레는 순간도 있었다. 때로는 지쳐 있는 나와 마주하기도 했다. 그런 날에는 목록 작성을 멈추고 나를 위로해 주었다. 하나씩 하고 싶은 일을 적어 내려갈 때마다 나는 나에게 시간을 내어주고 나를 유심히 관찰하고 있었다.

비단 하고 싶은 것을 쓰는 일만이 나에게 시간을 내어주는 것은 아니다. 매달 짧게나마 돌아보는 시간을 가졌다. 어떤 것들을 했는지 돌이켜 보고 스스로를 칭찬해 주기도 하고 반성도 했다. 아쉬운 점에 자책할 때도 있었지만 후회하기보다는 좋은 발판으로 삼았다. 그리고 그것을 간단히 기록했다. 이 작업은 나의 상태를 점검하는 데 큰 도움이 되었다. 어떤 순간에 기뻤는지, 어떤 때에 힘들었는지를 돌아보면서, 자연스럽게 나의 변화와 성장도 함께 확인할 수 있었다. 이렇게 돌아보는 과정에서 나는 감정을 좀 더 세밀하게 들여다볼 수 있었고, 변화의 흐름을 인지하는 능력도 길러졌다.

이처럼 자기 발견의 과정에서 나에게 시간을 내어주는 일은 중요하다. 100개의 하고 싶은 일을 적으며 깊이 탐색하는 시간을 갖기도 하고, 때로는 짧은 회고를 통해 현재의 나를 점검하기도 한다. 중요한 것은 어떤 방식이든 '나를 돌아보는 시간'을 꾸준히 가지는 것이다. 그렇게 할 때, 나는 나 자신과 더욱 가까워질 수 있었다.

문제는 일상 속에서 바쁘게 살아가느라 정작 자신이 진짜 원하는 것에 대해 깊이 고민할 시간을 갖지 못한다는 점이다. 가정에서는 가족을 챙기느라, 직장에서는 회사가 요구하는 일들을 처리하느라 정신없이 시간을 보낸다. 그러다 보면 자연스럽게 나 자신을 돌아볼 틈이 사라진다. 그런 의미에서 하고 싶은 목록을 작성하는 시간은 바쁜 일상에서 잠시 벗어나 나만의 정원을 가꾸는 과정이었다. 애써 시간을 주고 내 꽃밭을 일궜다. 어떻게 1년을 의미 있게 보낼 수 있을지, 진정으로 원하는 것이 무엇인지 고민할 수 있는 시간이었다.

물론 유튜브를 보거나 낮잠을 자는 것도 자신에게 시간을 내어주는 방법이 될 수 있다. 하지만 중심을 잡아가기 위한 프로젝트는 단순한 휴식이 아니라, 깊이 있는 자아 탐구의 과정이다. 우리가 진정으로 원하는 것이 무엇인지 고민하는 시간 자체가 중요하다. 하지만 이렇게 시간을 내는 것이 쉬운 일은 아니다. 바쁜 일상 속에서 때때로 이는 사치처럼 느껴지기도 한다. '바빠 죽겠는데 어떻게 시간을 내느냐'는 생각이 들 수도 있다.

그렇기 때문에 시간을 의식적으로 만들어야 한다. 중심을 잡고 나 자신을 더 깊이 이해하고 싶다는 동기가 필요하다. 결국, 내 삶을 움직이는 것은 나 자신이기 때문이다. 하지만 그렇다고 반드시 결연한 의지가 필요하다는 의미는 아니다. 유연한 태도로 접근해도 충분하다.

유연하게 생각하는 것은 결국 나에게 시간을 내어주는 방법을 다양하게 고민하는 것으로 연결된다. 꼭 시간을 길게 내어 잡고 깊이 생각해야 하는 것은 아니다. 하루 10분씩 꾸준히 생각을 정리할 수도 있고, 주말을 이용해 몇 시간 동안 깊이 몰입할 수도 있다. 나의 경우, 처음에는 시간을 일부러 내어 집중했지만, 30개 정도를 적고 나니 이후에는 틈틈이 떠오르는 것들을 적어가는 방식으로 바꾸었다. 2박 3일 동안 내내 그것만 생각한 것이 아니라, 생활 속에서 틈틈이 생각을 이어가며 시간을 투자했다. 그렇게 잘게 쪼개어 시간을 내는 것도 충분히 가능하다.

나에게 시간을 내어주는 행위는 단순한 시간 투자의 의미를 넘어서, 나의 욕구와 열정의 씨앗을 발견하고 삶이라는 정원에 심어 가꾸는 과정이다. 하루 10분씩 여러 번 시간을 나누어 가질 수도 있고, 몇 시간을 한꺼번에 사용할 수도 있다. 중요한 것은 자신을 위해 시간을 내는 그 자체다. 그렇게 할 때 우리는 일상의 소음 속에서도 자기 목소리를 들을 수 있고, 삶의 방향을 더 선명하게 잡아갈 수 있다.

여기서 100개라는 숫자는 어디까지나 상징적인 것이다. 반드시 100개를 채워야만 의미가 있는 것은 아니다. 중요한 것은 숫자가 아니라, 내가 진짜 원하는 것들을 깊이 들여다보는 경험 자체다. 더 이상 떠오르는 것이 없다면 그 시점에서 멈추는 것도 충분히 의미 있는 선택이 될 수 있다. 자기 발견은 '목록을 완성하는 것'이 아니라, '나를 이해하는 과정'이기 때문이다.

그러니, 나에게 시간을 내어줄 마음의 준비를 하는 것부터 시작하자. 그것이 곧 나라는 우주에 땅을 다지고 씨앗을 심는 일이다. 성실한 삶은 하루아침에 완성되는 것이 아니라, 이렇게 나를 돌아보고 돌보는 시간이 차곡차곡 쌓여 만들어지는 것이다.

구체적으로 질문하고 생각한 것을 써보기

나에게 시간을 내어주었다면, 그 시간에 무엇을 하면 좋을까? 가장 좋은 방법은 나를 탐색하는 질문을 던지고, 그에 대해 구체적으로 답해보는 일이다. 이때 중요한 것은 질문도 답도 모두 구체적이어야 한다는 점이다.

'구체적이다'라는 말은 자주 쓰이지만, 설명하기는 쉽지 않다. 사전적인 의미와는 별개로, 이 책에서 말하는 구체화란 머릿속에 있는 생각이나 감정을 장면처럼 그려볼 수 있을 정도로 명확하게 표현하는 것을 뜻한다. 언제, 어디서, 누구와, 어떻게 같은 요소들이 포함되어 있어 머릿속에 선명한 그림이 그려지는 상태가 바로 구체적인 상태다.

예를 들어, '올해 여행을 가고 싶다'는 말은 익숙하지만 막연하다. 언제, 어디로, 누구와 가는 것인지, 어떤 방식으로 떠날 것인지 알 수 없다. 반면 '5월쯤 제주도로 혼자 가서, 하루는 숲길을 걷고 하루는 바닷가에서 멍하니 있고 싶다'라는 표현은 구체적이다. 단어를 넘어, 그 안에 담긴 욕구와 기대, 감정까지 드러난다.

굳이 이렇게까지 해야 하는 이유는 생각을 구체화하면 나도 몰랐던 내 마음의 실체가 보이기 때문이다. 세세하게 정리하다 보면 내 가치관, 욕망 등이 좀 더 또렷하게 떠오른다. 그리고 그 과정은 단순히 실체를 발견하는 데서 끝나지 않는다. 구체적으로 질문하고 답하는 일은 내 삶을 있는 그대로 바라보고 돌보는 태도로 연결된다. 시야를 바깥으로 돌려 남과 비교하기보다는 내 안의 감정과 바람에 집중하면서 나의 삶을 나만의 기준으로 바라보게 된다. 정리되지 않은 마음은 쉽게 흘러가지만, 구체화된 마음은 나의 손에 잡히고 그 순간부터 나는 그것을 보살필 수 있게 된다.

그렇다면 구체적으로 쓰기 위해서는 어떤 질문을 던져야 할까? 질문은 특별하거나 어려울 필요는 없다. 단지 아래의 세 가지 기준을 기억한다면, 자기 탐색을 구체적으로 이끌 수 있는 질문을 할 수 있을 것이다.

우선 첫 번째로 답하기 쉬워야 한다. 질문은 명료하고 작아야 답할 수 있다. "당신은 인생에서 무엇을 하고 싶나요?" 같은 질문은 멋지지만, 실제로는 숨이 턱 막힌다.

좋은 질문은 시작하기 쉬운 질문이어야 한다. 그럴 때 유용한 방법이 바로 시간의 범위를 제한하는 것이다. "앞으로 꼭 해보고 싶은 일은?"이라는 질문보다, "올해 안에 꼭 해보고 싶은 일은?"이라는 질문의 답이 훨씬 명확하고 쉽게 떠오른다. "이번 주말에 하루 시간이 생긴다면 뭘 해보고 싶은가요?"처럼 시간을 좁히는 질문은 훨씬 가볍게 접근할 수 있다.

그래서 이 책의 자기 탐색 작업도 1년 단위로 진행된다. 1년은 너무 멀지도 너무 가깝지도 않은 시간이다. 이 단위를 기준으로 내가 바라는 것들을 정리하고, 그중 일부라도 실천해보는 과정을 반복하다 보면 언젠가는 인생 전체를 다루는 큰 질문도 자연스럽게 풀어갈 수 있을 것이다.

두 번째로 생각을 자극하는 질문이어야 한다. 좋은 질문은 단순한 정보나 사실을 묻기보다, 생각을 이끌어 내야 한다. "오늘 하루 중 가장 기억에 남는 순간은 무엇인가요?" 같은 질문은 가볍게 답할 수 있으면서도, 왜 그 순간이 기억에 남았는지를 생각하며 감정과 동기를 탐색하는 계기가 된다.

이때 중요한 것은 후속 질문과 '왜why'다. "왜 그것을 하고 싶은가요?", "왜 그 장소에 가고 싶은가요?"와 같은 질문은 답하는 과정에서 나의 동기, 가치관, 우선순위가 조금씩 정해지게 된다. 처음에는 '그냥' 하고 싶어서였던 일들도, 답을 써가다 보면 점차 내가 진짜 원하는 것의 맥락이 보이기 시작한다. 그리고 그 이유를 발견하는 순간, 또 다른 하고 싶은 일이 자연스럽게 따라 나오기도 한다.

마지막으로 구체적인 질문은 나의 삶과 연결되어 있어야 한다. 좋은 질문은 단순히 생각을 묻는 데서 끝나지 않고 나의 경험과 행동을 끌어낸다. 개인적인 경험을 바탕으로 한 질문은 답하기 쉽고 더 진솔한 이야기를 끌어낸다. 예를 들어 "지난 1년 동안 가장 즐거웠던 순간은 언제였나요?"와 같은 질문은 내 삶에서 이미 있었던 장면을 떠올리게 하며, 그 안에서 내가 중요하게 여기는 가치나 감정을 발견하게 해준다.

또한, 질문이 행동을 상상하게 만들면 더 강력한 효과를 낼 수 있다. "올해 건강을 위해 실천할 수 있는 작은 습관 세 가지는 무엇인가요?, 다음 달까지 도전해보고 싶은 일은 무엇인가요?"와 같은 질문은 답을 쓰는 순간부터 이미 상상이 실행으로 옮겨지는 준비가 된다. 내 삶과 연결되고, 실제 행동으로 이어질 수 있는 질문이 가장 좋은 질문이다.

이렇게 세 가지 기준을 기억하면서 질문을 던지고, 거기에 구체적으로 답을 써보자. 생각보다 훨씬 많은 것이 떠오르고, 그중 일부는 곧 내가 진짜 원하는 것의 단서가 되어줄 것이다.

그런데 좋은 질문이 있다 하더라도, 그에 대한 답을 어떻게 하느냐가 결국 자기 발견의 깊이를 결정짓는다.

답을 더 선명하게 만들기 위한 가장 효과적인 방법은 단연 '쓰는 것'이다. 단순히 '생각만'하거나 말로 흘려보내는 것이 아니라, 손으로 직접 써보는 과정은 자기 내면을 꺼내보게 하는 중요한 통로다. 쓰는 행위는 우리의 생각을 구체화한다. 생각은 구름처럼 모호하고 불분명하지만, 글로 쓰면 더 구체적이고 명확한 형태가 된다. 추상적이던 욕망이 글로 쓰이면서 실체를 드러낸다.

생각을 잘 표출하기 위해서는 손글씨로 직접 종이에 써보는 것을 추천한다. 손으로 쓰는 것은 비록 시간상 비효율적일지라도 더 깊은 생각을 끌어내는 데 효과적이다. 천천히 한 글자, 한 글자 써 내려가는 과정에서 나에 대해 더 깊이 있는 성찰이 가능해진다. 쓰는 과정에서 다른 생각들이 꼬리를 물고 이어지며 더 풍부하게 발산된다. 손으로 쓰는 과정이 뇌의 활동을 자극해서 내가 하고 싶은 것들을 더 잘 기억하게 만든다는 점도 손글씨의 장점 중 하나다.

종이도 줄이 없는 용지나 하나씩 써서 붙일 수 있는 포스트잇이 도움이 된다. 줄이 있는 종이는 내 생각을 줄 속에 제한할 수 있기 때문이다. 좀 더 자유로운 발상을 위해서는 편하게 쓸 수 있는 종이가 좋다. 포스트잇으로 쓰는 것은 추후 정리 과정과도 연결될 뿐더러, 쓰다가 아니면 쉽게 찢어 버릴 수 있어 부담

없이 시작할 수 있다.

이때 중요한 것은 '양'이다. 최대한 많이 써보는 것을 추천한다. 하고 싶은 일을 100개 쓰면서 내가 진짜 원하는 것을 발견했던 것처럼, 나에 대해 다양한 생각을 써보면 무의식의 생각까지 끌어올릴 수 있다. 이를 '발산'의 과정이라 할 수 있다. 처음에는 평소 생각했던 것들이 떠오르지만, 쓰다 보면 점점 내 진짜 마음이 드러난다. 무의식 속에 묶여 있던 것들이 쓰기를 통해 봉인 해제되는 것이다.

또한 향후 정리를 위해서도 많이 써보는 것이 필요하다. 다양하게 생각을 펼쳐야 정리의 폭도 넓어진다. 옷장을 정리한다고 생각해보자. 장롱 속 옷을 반만 꺼낸 채로는 제대로 정리할 수 없다. 속에 담긴 것들을 충분히 꺼내보아야 내가 진짜 원하는 것을 제대로 마주할 수 있다.

물론 이 과정이 항상 쉽지만은 않다. 때로는 생각이 막히고, 쓰는 것이 고통스럽게 느껴질 수도 있다. 머리를 쥐어짜며 '내가 뭘 하고 있는 거지?'라는 회의감이 들 수도 있다. 하지만 쥐어짜는 그 생각 속에서 진짜 내 마음이 튀어나올 수 있다는 것을 잊지 말자. 물론 앞서 말했듯, 너무 고통스럽다면 100개를 꼭 채우지 않아도 된다. 다만 나를 위해 내가 하고 싶은 것을 발굴하는 작업이라는 점을 기억하며, 조금 더 나를 사랑하는 마음으로 기꺼이 이 시간을 가져보기를 바란다.

발산한 생각을 정리하기

생각을 펼쳐놓는 것도 중요하지만 거기서 멈춰서는 안 된다. 여기저기 흩어진 나의 욕망과 생각들을 꺼내보았다면, 이제는 그것들을 가만히 바라보며 어떤 것이 지금 나에게 더 중요하고, 더 가까운지를 살펴보는 시간이 필요하다. 그 정리의 과정에서 우리는 비로소 삶의 중심을 잡을 수 있다.

마음을 자유롭게 펼쳐보는 과정이 '발산'이라면, 그중에서 나에게 중요한 것을 추리고 나만의 기준으로 정리하는 일은 '수렴'이다. 이 수렴의 과정이 있어야 성실한 실천이 가능하다. 하고 싶은 일이 많고, 흥미로운 것도 많은데 금세 포기해 버리는 이유 중 하나는 그 일이 왜 중요한지, 내 안에서 어떤 맥락을 갖는지 스스로 정리해 보지 않았기 때문이다.

정리는 거창한 일이 아니다. 그저 내가 써 내려간 목록들을 다시 한번 찬찬히 들여다보는 것에서 시작된다. 한 줄 한 줄 읽다 보면 자꾸 눈에 밟히는 항목이 생긴다. 다시 읽을수록 그 말에 담긴 감정이나 장면이 선명해지고, 그 속에서 지금의 내가 중요하게 생각하는 것들이 조용히 떠오른다.

그렇게 마음이 머무는 항목들을 중심으로, 비슷한 것들끼리 묶어보자. 정해진 기준은 없다. '여행', '자기 계발', '표현', '건강', '사람', '돈' 등 내가 자주 썼던 단어들이나 스스로 이름 붙이고 싶은 방식으로 나누어 보면 된다. 이렇게 묶어보는 과정에서 나의 관심사가 어디에 집중되어 있는지, 반복적으로 떠오른 주제는 무엇인지, 상대적으로 비어 있는 영역은 없는지를 자연스럽게 확인할 수 있다.

그리고 그 분류된 항목들을 다시 바라보며, 지금 이 시기의 나를 가장 잘 설명하는 핵심 키워드 세 가지를 골라보자. 이 키워드는 구체적인 목표라기보다는 내가 원하는 삶의 성격을 보여주는 단어다. '회복', '도전', '연결'처럼 하나의 단어일 수도 있고, '표현하기', '느리게 살기', '단단해지기'처럼 짧은 문장이 될 수도 있다. 핵심은, 이 키워드가 내 안에 오래 머물렀던 감정이자 삶의 방향을 가리키는 것이어야 한다는 점이다.

그리고 마지막으로, 그 키워드들을 바탕으로 지금 이 시기의 내가 어떤 삶을 살고 싶은지를 하나의 문장으로 정리해 보자. 예를 들어, 회복, 연결, 자연이라는 키워드를 뽑았다면, '나는 자연 속에서 회복하고, 좋은 사람들과 깊이 연결되며 살아가고 싶다.'와 같은 식으로 말이다. 이 문장은 앞으로의 방향을 붙들 수 있는 작은 나침반이 되어줄 것이다. 흔들릴 때마다 다시 이 문장으로 돌아오며, 내가 어디로 가고 있는지를 다시 확인할 수 있다.

정리되지 않은 생각은 쉽게 흘러가지만, 정리된 생각은 손에 잡히고, 그 순간부터 우리는 그것을 돌볼 수 있게 된다. 이 정리의 시간은 단지 실천을 위한 준비가 아니라, 나를 이해하고 중심을 잡기 위한 따뜻한 수렴의 과정이다.

지금까지는 자기 발견을 쉽게 실천하기 위해 꼭 필요한 세 가지 원칙을 살펴보았다. 첫째, 나에게 시간을 내어주는 것이며, 둘째, 그 시간에 구체적인 질문을 던지고, 그에 대해 다양한 답을 써보는 것이다. 셋째, 그렇게 발산된 생각을 주워 담고 차분히 정리하는 것이다. 이 세 가지는 내가 누구인지, 무엇을 바라는 사람인지 좀 더 선명하게 알게 해준다.

그리고 이 모든 과정은 1년이라는 시간 단위 안에서 이루어진다. 꼭 한 문장으로 정리했다고 해서 인생 전체의 목표로 삼을 필요는 없다. 우리 삶은 언제든 흔들리고, 계획은 변경되기 마련이다. 하지만 그럼에도 불구하고 1년이라는 단위로 중심을 다시 세우는 연습을 반복하다 보면 우리는 어느새 자기 자신에게 성실한 사람으로 자라나고 있을 것이다.

이제 워밍업은 끝났다. 본격적으로 성실한 삶을 향한 다섯 개의 단계를 하나씩 살펴보자.

1단계 :
장점 발견을 통한 긍정적 자기 관찰

진짜 나를 위한 성실한 삶을 살기 위해서는 나에게 시간을 내어주고, 그 시간에 나에 대해서 구체적으로 써보고, 그것을 정리하는 작업을 거쳐야 한다. 앞으로 다섯 단계에는 공통적으로 적용될 수 있는 이야기다.

지금부터는 각 단계별로 구체적으로 어떤 행동을 하는 것인지를 알아본다. 공통적으로 적용하는 것과 별개로 이 단계에서 특별히 유의해야 할 것들을 하나씩 짚어보자.

긍정적으로 나를 바라보기

성실한 삶을 위한 첫걸음은 자기 관찰이다. 나를 들여다보고, 이해하고, 지금 어떤 상태인지 알아보는 일이다. 겉으로 보면 단순한 이 작업이 실제로는 꽤 어렵게 느껴진다. 이유는 명확하다. 우리는 종종 나 자신에게 가혹한 기준을 들이대기 때문이다.

자기 관찰이라 하면 흔히 '객관적인 시선'을 떠올린다. 감정에 휘둘리지 않고 나를 냉정하게 바라보는 태도. 그런데 이 냉정함은 금세 '비판'으로 흘러가 버리기 쉽다. 특히 나 자신을 믿지 못할 때, 내가 가진 가능성을 스스로 인정하지 않을 때, 관찰은 멈추고 자책의 일기가 되어버린다. '이건 왜 이 모양이야?' 같은 속삭임은 자기 관찰을 가장한 자기 비하일 수 있다.

나 역시 오랫동안 그랬다. 인정 욕구가 컸던 나는 늘 사람들의 기대에 민감했고, 나보다 타인의 시선을 먼저 고려했다. '나는 이걸 좋아해'라기보다는 '남들이 이걸 원하겠지'라는 기준으로 선택했다. 그렇게 선택한 뒤에도 마음이 편하지는 않았다. 무엇을 하든, '이걸로 내가 인정받을 수 있을까?' 하는 생각이 머릿속을 떠나지 않았다. '좋아서가 아니라, 인정받기 위해서'가 내 선택의 기준이었다.

그럴수록 내 안의 가능성은 작아지고, '이 정도로 괜찮은 걸까?'라는 불안이 커졌다. 비교는 점점 일상이 되었고, 인정받지 못할까 봐 더 예민해졌다. 그러다 보니 '내가 진짜 잘하는 것'은 묻혀버리고, '어떻게 하면 더 인정받을 수 있을까'에만 집착하게 되었다. 결국 나의 강점을 찾는 일조차 남의 시선을 빌려야 가능할 거라는 생각에 사로잡혔다.

　그럴 때 사람들이 흔히 기대게 되는 게 있다. 강점 진단이나 성격 테스트처럼 외부에서 나를 설명해 주는 도구들. 나도 그런 마음으로 갤럽 강점 진단 검사를 받았다. 결과를 보고 1순위 강점이 '경쟁'이라는 걸 알게 되었을 때 솔직히 마음이 복잡했다. 설명을 읽자마자 맞긴 맞다 싶었지만, 왠지 모르게 씁쓸했다. 다른 사람이 봐도 그럴 거라는 생각에 더 당황스러웠다. 마치 내 치부가 드러난 것처럼 느껴졌고 인정하고 싶지 않았다. 나는 그렇게 한동안 나의 강점을 외면한 채 지냈다.

　그러던 어느 날, 낯선 곳에서 혼자 시간을 보내며 문득 나의 장점을 써보기로 했다. 특별한 의미는 없었다. 그저 나 자신을 있는 그대로 바라보고 싶다는 마음뿐이었다. 그렇게 마음을 열자, 내가 오랫동안 애써 외면했던 것들이 하나씩 떠올랐다. '경쟁'이라는 말도 그중 하나였다. 내가 싫어했던 그 단어는, 사실 나를 움직이게 하는 힘이었다. 끈기, 몰입, 승부욕 같은 감정들이 그 안에 담겨 있었다. 남이 붙여준 이름이 아니라, 내가 느끼고 표현한 언어로 다시 바라보자 그제야 조금씩 받아들일 수 있었다.

이 경험을 통해 자기 관찰은 냉정함이 아니라 다정함에서 시작되어야 한다는 것을 알게 되었다. 진짜 자기 관찰을 하려면 그 시작은 언제나 '긍정적인 시선'이어야 한다. 우리는 남과의 비교에 익숙해져 자신을 부정적으로 바라보는 데 익숙해져 있기 때문이다. 그래서 다정한 시선은 억지로 긍정하려는 태도가 아니라, 기울어진 인식을 바로잡아 있는 그대로를 보기 위한 균형의 출발점이다.

그 시선은 결국 나를 믿는 마음, 곧 자기 신뢰로 이어진다. 그리고 신뢰가 있어야 비로소 우리는 나를 객관적으로 바라볼 수 있다. 신뢰가 없으면 있는 그대로 보기보다 나를 평가하거나 피하려는 마음이 먼저 앞서기 때문이다.

긍정은 객관으로 이어지고 객관은 진짜 나를 만나게 한다. 그래서 긍정적인 자기 관찰은 단지 좋은 태도가 아니라, 자기 관찰이 자기 비하로 흐르지 않게 지켜주는 꼭 필요한 출발점이다.

그렇다면 어떻게 그 시작을 열 수 있을까? 방법은 많겠지만 가장 단순하면서도 강력한 시작은 이것이다. 내가 생각하는 장점을 적어보는 것이다. 작지만 분명한 자기 긍정의 출발이다.

장점을 적어 보는 일

우리는 흔히 '강점'이라는 단어에 더 익숙하다. 자기 계발서나 커리어 상담, 심리 검사에서도 자주 강조된다. 물론 강점은 중요하다. 하지만 나는 이 글에서 '강점'보다 먼저 '장점'에 대해 이야기하고 싶다.

사전적으로 보면 장점은 '특별히 좋은 점, 뛰어난 점'을 뜻하고, 강점은 '강한 점, 경쟁력 있는 뛰어난 요소'를 말한다. 겉보기엔 비슷하지만 두 단어는 미묘하게 다른 결을 가지고 있다. 강점은 보통 '성과'와 연결되며, 조직에서 쓸 수 있는 능력이고, 성과를 낼 수 있는 잠재력처럼 여겨진다. 반면 장점은 좀 더 개인적인 감각에 가깝다. 누가 알아주지 않아도 내가 스스로 괜찮다고 느끼는 나의 한 부분이다. '이런 모습의 나는 마음에 들어.'라고 말해줄 수 있다면, 그건 분명 장점이다.

한동안 나는 강점이라는 단어에 부담을 느꼈다. 강점이란 뭔가 눈에 띄는 실력이나 결과를 가져와야 하는 것 같았다. 설문을 통해 찾은 강점도 받아들이기 어려웠다. 앞에서 이야기했다시피, 그 결과는 내가 숨기고 싶었던 내 모습이었기 때문이다.

그 부담을 내려놓기 위해, 낯선 장소에서 나를 마주해보고 싶었다. 지리산 단식원에서 며칠을 머물며 조용히 나를 들여다보는 시간을 가졌다. 그곳에서 지리산을 바라보며 멍하니 앉아 있다가 문득, 나의 장점을 한번 써보기로 마음먹었다.

"강점이 아니어도 괜찮아. 그냥 내가 좋아하는 나의 모습을 써보자."

그렇게 마음을 정하고 한 페이지에 나의 장점을 하나씩 써내려갔다. 목표는 100개였다. 많이 쓰다 보면 분명 나다운 무언가를 발견할 수 있을 것이라고 생각했다. 시작은 어색했지만 쓰다 보니 점점 내 안의 힘들이 눈에 들어오기 시작했다.

예를 들면 이런 것들이었다.

내가 생각한 나의 장점들

☐	뭘 하든 꾸준히 한다.
☐	새로운 사람과도 크게 어색하지 않다.
☐	주목받는 것을 좋아한다.
☐	키가 커서 다른 사람들보다 높은 곳에서 세상을 본다.
☐	내 생각을 표현하는 것을 즐긴다.

처음엔 어색했다. '이런 것도 장점일까?' 싶었고, '이걸 굳이 써야 하나?' 하는 마음도 들었다. 그런데 한 항목씩 써 내려가다 보니 잊고 있었지만 사실은 나를 지탱해 준 작은 습관들, 늘 해왔지만 '당연한 것'으로만 여겼던 태도들이 하나둘 떠올랐다. 누군가 대단하다고 말해주지 않았던 모습들 속에서도 나만의 장점이 숨어 있었다. 그걸 알아보는 순간, 아주 작지만 선명한 자각이 찾아왔다.

"나는 생각보다 괜찮은 사람일지도 몰라."

장점은 거창할 필요가 없다. 스스로에게 '이건 참 괜찮아'라고 말해줄 수 있는 어떤 것이라면 충분하다. 누구의 기준이 아니라, 나의 언어로 정의된 장점. 그것이 자기 관찰의 가장 좋은 시작점이 되어준다.

그렇다면 장점은 어떻게 써야 할까? 방법은 간단하다. 앞에서 내가 했던 방식처럼, 최대한 많이 써보는 것이다. 있는 장점, 없는 장점, 모호한 장점까지 다 끌어모은다는 마음으로 적어보는 것이다. 나를 분석하기보다 나를 열어보는 시간이라고 생각해도 좋다. 어쩌면 나도 몰랐던 나를 만나기 위한, 느슨하지만 열린 탐색의 과정이다.

장점을 쓸 때는 범위를 넓히는 것이 중요하다. 우리는 보통 장점이라고 하면 착한 성격, 성실한 태도 같은 내면의 특징을 먼저 떠올린다. 하지만 내가 여기서 말하는 장점은 훨씬 더 넓은 의미다. 성격뿐 아니라, 내가 해본 것들, 배운 것들, 좋아하는 활동, 자격증, 취미, 기술, 반복된 습관까지 모두 장점이 될 수 있다.

외모에 대한 장점 <장점 예시>

☐	웃을 때 분위기를 편안하게 만든다.
☐	인상이 편안하다는 말을 자주 듣는다.
☐	키가 작지만 옷을 잘 소화한다.
☐	목소리가 또렷하고 차분하다.

　　장점을 쓰다 보면 외모는 은근히 빼고 싶어진다. 괜히 쑥스럽고, 또 너무 외모 중심으로 보일까 조심스럽기도 하다. 하지만 생각해 보면 외모도 나의 일부다. 그 속에는 '나만의 분위기'나 '내가 좋아하는 포인트'가 분명히 있다.

　　남들이 정해놓은 기준 말고, 내가 나를 좋아할 수 있는 지점을 찾아보는 것. 그게 바로 장점 쓰기의 매력이다. 장점 쓰기는 꼭 진지하고 고상할 필요 없다. 조금은 유쾌하고, 조금은 장난스럽게 적어봐도 충분하다.

성격에 대한 장점<장점 예시>

☐	처음엔 낯을 가리지만 친해지면 정이 많다.
☐	중요한 말은 돌려 말하지 않고 솔직하게 표현한다.
☐	참견은 안 하지만 필요한 순간에는 도와주려 한다.
☐	무례한 말을 듣고도 차분하게 대응하려 애쓴다.

성격이라고 하면 왠지 '좋은 사람' 같은 느낌을 떠올리게 된다. 그래서 장점으로 쓰려고 하면 괜히 쑥스럽고, '나는 그런 거랑은 좀 거리가 먼데….' 싶은 마음이 먼저 들기도 한다. 너무 어렵게 생각하지 말고, 평소의 나를 한 발 떨어져서 바라보듯 가볍게 떠올려보면 좋다. 예를 들어, '내가 주변 사람들한테 자주 듣는 말은 뭘까?', '나는 어떤 상황에서 나답게 행동한다고 느낄까?'라는 그런 질문만으로도 성격의 단서들이 하나둘 떠오른다.

작지만 소중했던 경험들을 꺼내 보는 것, 그것 역시 장점을 발견하는 하나의 방법이다. 그 경험 속에는 그 순간 내가 어떤 태도를 가졌고, 어떤 감정으로 하루를 살아냈는지가 고스란히 담겨 있기 때문이다.

게다가 경험은 언제나 삶의 자양분이 된다. 크고 멋진 성과가 아니어도, 충분히 경험하려 했다는 그 사실만으로도 이미 내 안에는 많은 것이 쌓여 있을 것이다. 억지로 '내가 잘한 일'을 끌어낼 필요는 없다. 지나고 나서 '그때 나, 참 괜찮았지' 하고 조금 더 나를 좋아하게 되었던 장면. 그 순간을 꺼내 써보는 것만으로도 충분하다.

배운 것, 자격증, 습관 <장점 예시>

- ☐ 컴활 자격증이 있다.
- ☐ 수영을 5년 동안 배웠다.
- ☐ 운전면허증이 있다.
- ☐ 꾸준히 글을 쓰고 있다.

이번 파트는 내가 갖고 있는 것들을 꺼내보는 과정이다. 흔히 '자산'이라고 하면 부동산이나 예금처럼 눈에 보이는 것들을 먼저 떠올리지만 사실 내가 가진 자격증이나 스킬, 익숙해진 습관과 배움의 기록들도 충분히 소중한 자산이 될 수 있다. 여기서 중요한 것은 그것이 대단하거나 특별할 필요는 없다는 점이다. 운전면허처럼 많은 사람들이 갖고 있는 자격증도 괜찮고, 한 번 완강한 온라인 강의, 블로그에 쓴 글 몇 편, 매일 밤 5분씩 정리하는 습관도 충분히 의미가 있다.

이 파트는 '내가 얼마나 잘하느냐'보다 '지금까지 내가 어떤 것들을 쌓아왔는가'를 펼쳐보는 시간이다. 크든 작든, 내가 가진 것들을 하나씩 꺼내보며 '아, 나에게 이런 기반이 있었구나' 하고 나를 다시 바라보는 기회가 되었으면 좋겠다.

이렇게 생각보다 훨씬 다양한 방식으로 장점을 쓸 수 있다. 한 가지 팁을 더하자면, 검색창에 '장점 리스트', '성격 장점 예시' 같은 키워드를 검색해 보는 것도 좋은 방법이다. 정리된 예시들을 훑어보다 보면 '아, 이거 나 같은데?' 하고 고개가 끄덕여지는 표현이 하나쯤은 반드시 보인다. 그 단어들을 골라내고, 그에 맞는 나만의 경험을 덧붙여 보는 것도 좋은 연습이 된다.

중요한 점은 잘 쓰는 것보다 많이 쓰는 것이다. 생각이 안 나더라도 억지로라도 써보고, 비슷한 말이 반복되더라도 그냥 흘러가게 두자. 쓰는 과정 속에서 무의식에 머물던 나의 자질들이 조용히 드러날 수도 있다. 장점 쓰기의 목표는 정리나 분석이 아니다. 그건 '괜찮은 나'를 찾는 일, 조금은 낯설고 어색하더라도 내가 나를 더 잘 알아가기 위한 시작이다.

성격 장점 키워드 예시

☐	다정한 / 배려 깊은 / 공감하는 / 포용력 있는 / 친근한 / 듬직한 /
☐	유연한 / 말이 온화한 / 눈치 빠른 / 섬세한 / 성실한 / 꼼꼼한 /
☐	책임감 있는 / 꾸준한 / 신중한/ 집중력이 있는 / 목표 지향적인 /
☐	체계적인 / 인내심 있는 / 신뢰를 주는 / 유머감각 있는 /
☐	분위기를 살리는 / 낙천적인 / 에너지 넘치는 / 적극적인/
☐	낯가림 없는 / 친화력이 좋은 / 말수가 적당한 / 사람을 편하게 하는 /

☐	센스 있는 / 조용한 / 내향적인 / 관찰력이 좋은 / 깊이 생각하는 /
☐	사려 깊은 / 느긋한 / 감정 기복이 적은 / 단정한 / 묵묵히 해내는 /
☐	소란스럽지 않은 / 정직한 / 솔직한 / 단호한 / 눈치 보지 않는 /
☐	의사 표현이 분명한 / 할 말은 하는 / 자기 기준이 있는 /
☐	감정에 휘둘리지 않는 / 공과 사를 구분하는 / 직관이 빠른

단점을 뒤집어 보기

인스타그램을 보다가, 좋아하는 사진 스튜디오 대표의 글을 읽었다. 그는 자신의 약점 세 가지를 이렇게 소개했다. 머리숱이 없는 건 개그 소재로, 예민한 성격은 섬세함으로, 성격이 급한 건 빠른 추진력으로. 글을 읽으면서 대표의 유쾌한 시선이 느껴져 나도 모르게 웃음이 나왔다. 평소 내가 하는 장점 찾기 방식과 닮아 있어 더 인상이 깊었다.

우리가 '단점'이라고 부르는 것들도 어떻게 바라보느냐에 따라 전혀 다른 얼굴을 가질 수 있다. 예를 들어 고집이 센 건 자기 주장이 강하다는 뜻일 수 있고, 완벽주의 성향은 일을 꼼꼼하게 처리하는 능력으로도 볼 수 있다. 같은 상황이라도 어떻게 바라보느냐에 따라 고치고 싶은 나의 모습이 인정할 수밖에 없는 사랑스러운 나의 모습이 될 수 있다.

그래서 이번 자기 관찰은, 내가 가진 단점들을 반대 방향에서 바라보는 연습으로 구성했다. 단점을 감추거나 포장하려는 게 아니다. 나를 하나의 고정된 이미지가 아니라, 입체적인 시선으로 바라보려는 작은 시도이다.

우선, 내가 단점이라고 생각하는 점을 세 가지쯤 적어보자. 더 써도 괜찮지만, 너무 많은 단점을 끄집어내지는 않았으면 좋겠다. 이 작업은 어디까지나 나를 긍정적으로 바라보기 위한 과정이니까.

막상 적어보려 하면, 의외로 쉽지 않을 수 있다. 그럴 땐 꼭 대단하거나 특별한 단점일 필요는 없다는 걸 기억하자. 평소에 '이건 좀 고쳐야 하지 않을까'라고 생각했던 점, 혹은 '이건 좀 별로야'라고 느껴졌던 모습이면 충분하다. 작은 것이라도 괜찮다. 다만, 세 가지 단점이 너무 비슷한 결이 되지 않도록 다른 맥락의 것을 골라보면 좋다. 그렇게 해야 바라보는 관점도 더 유연하게 확장될 수 있다.

단점을 세 가지쯤 적었다면, 이제 앞의 대표처럼 그 단점을 다른 방향으로 바꿔서 장점으로 변환해 보자. 멋지게 바꾸려 하지 않아도 괜찮다. 이건 단점을 감추거나 포장하려는 일이 아니라, 나의 성향을 조금 다른 각도에서 들여다보는 과정이다.

예를 들어 '말이 많다'고 느낀다면 그건 '사람들과의 대화에 에너지를 많이 쓰는 편'이라는 뜻일지도 모른다. '집중력이 부족하다'는 건 관심사가 다양하기 때문일 수 있고, '걱정이 많다'는 건 미리 위험을 예측하고 준비하는 성향일 수도 있다.

단점은 그 자체로 보기보다, 어떤 상황에서 어떻게 작용하느냐에 따라 다른 이름을 가질 수 있다. 생각이 잘 안 난다면 앞에서 작성했던 장점을 찬찬히 들여다보길 추천한다. 단점들이 내가 쓴 장점과 겹치는 경우가 종종 발생한다. 결국 내가 쓴 장점이 단점의 다른 얼굴이었던 셈이다.

이렇게 단점을 장점으로 변환하며 달리 생각하다 보면, 단점을 억지로 없애려는 대신 어떻게 하면 이 성향을 더 잘 활용할 수 있을지, 어떤 방향으로 쓰면 나를 더 살릴 수 있을지를 고민하게 된다. 그게 바로 단점을 장점으로 바꿔야 하는 이유다.

결국, 단점은 나의 결핍이 아니라 내 장점의 반대편에서 나를 설명하는 또 다른 언어다. 그걸 받아들이고 다르게 바라볼 수 있을 때, 우리는 더 유연한 자기 이해로 나아갈 수 있다. 처음에는 어려울 수 있다. 하지만 이것 또한 하다 보면 쉬워진다. 첫 단추를 꿰기 어려운 사람들을 위해 아래에 단점 뒤집기의 예시를 적어보았다. 정답처럼 받아들이기보다는, 이런 식으로도 바라볼 수 있다는 정도로 가볍게 보면 좋겠다.

단점을 다른 방향으로 바라본다면

☐	말이 많다. → 분위기를 살리는 능력, 친화력
☐	예민하다. → 감각이 섬세하고 눈치가 빠르다.
☐	고집이 세다. → 소신이 분명하고 쉽게 흔들리지 않는다.
☐	소심하다. → 조심성이 있고, 신중하게 판단한다.
☐	감정 기복이 있다. → 감정 표현이 솔직하고 공감력이 높다.
☐	완벽주의 성향이 있다. → 디테일에 강하고 책임감이 있다.
☐	우유부단하다. → 다양한 가능성을 신중하게 고려하는 편이다.
☐	성격이 급하다. → 실행력이 빠르고 결정을 주저하지 않는다.
☐	말수가 적다. → 경청을 잘하고, 신중하게 말하는 편이다.
☐	걱정이 많다 → 미리 대비하고, 사전에 리스크를 감지한다.

대표 장점 뽑아보기

지금까지 우리는 장점을 다양한 방향에서 써보았고, 단점이라고 여겼던 부분도 다시 바라보며 그 안에 숨겨진 긍정적인 가능성을 발견해 보았다. 이제는 그 조각들을 하나로 모아볼 시간이다. 지금까지 적어온 장점과 단점 뒤집기 결과들을 다시 펼쳐놓고, 그 안에서 나를 가장 잘 설명하는 대표 장점 다섯 가지를 정리해 보자.

먼저, 그동안 적은 장점들을 다시 묶는 작업부터 해보자. 이 작업은 단순한 정리 정돈이 아니라, 내 안에서 반복되는 성향과 중심 가치를 찾아보는 시간이다. 방법은 간단하다. 내가 적어놓은 장점들을 한 줄 한 줄 다시 읽어보며, 비슷한 결을 가진 표현들끼리 묶어보자.

예를 들어, '책임감이 있다', '꾸준하다', '중요한 약속은 꼭 지킨다'는 하나의 묶음으로, '글을 쓴다', '표현을 좋아한다', '솔직하게 말하는 편이다'는 또 다른 묶음으로 나눌 수 있다.

정해진 기준은 없다. 내가 보기에 비슷하다고 느껴지면 그걸로 충분하다. 이처럼 비슷한 표현들을 하나의 그룹으로 정리하고, 그 그룹에 어울리는 대표 키워드를 붙여보자. 이렇게 분류하는 과정을 통해 조각처럼 흩어져 있던 장점들이 하나의 덩어리로 다가오고, 내 안에 어떤 성향이 반복적으로 나타나는지도 확인할 수 있다.

이제 이 그룹들을 바탕으로 나만의 대표 장점 다섯 가지를 골라보자. 이미 카테고리로 묶고 대표 키워드를 붙였다면, 그것이 곧 대표 장점이 될 수 있다.

예를 들어, '책임감이 있다', '꾸준하다', '중요한 약속은 꼭 지킨다'는 → '신뢰를 주는 사람'이라는 하나의 대표 장점으로, '글을 쓴다', '표현을 좋아한다', '솔직하게 말하는 편이다'는 → '표현력이 좋은 사람'이라는 장점으로 정리할 수 있다.

꼭 화려하고 근사한 단어일 필요는 없다. '나에게 익숙한 언어'로, '나를 가장 나답게 설명하는 표현'이면 충분하다. 이렇게 정리한 대표 장점 다섯 가지는 내가 어떤 사람인지, 그리고 내가 얼마나 가치 있는 존재인지를 스스로 인식하게 된다. 무엇보다 중요한 것은 내가 나를 어떻게 바라보느냐이다. 이렇게 중심을 잡고 있을 때 외부의 심리 검사 결과들도 나에게 더 의미 있게 다가올 수 있다.

나 역시 그랬다. 예전에는 받아들이기 어려웠던 강점 키워드인 '경쟁' 같은 단어도, 대표 장점을 정리한 후에는 조금 다르게 보이기 시작했다. 그 단어를 '승부욕이 있다', '실행력이 빠르다'는 표현으로 다시 풀어내자 비로소 내 안의 에너지를 사랑스럽게 받아들일 수 있었다.

이 작업의 핵심은 단 하나다. '내가 얼마나 경쟁력 있게 나아갈 수 있을까'보다 '내가 나를 얼마나 따뜻하게 바라볼 수 있는가'를 먼저 묻는 것이다. 대표 장점을 바라보며 그 안에서 내가 어떤 사람인지 다시 확인하고 스스로 조용히 자신감을 충전하는 것이 바로 이 작업의 깊은 의미다.

대표 장점 예시

☐	책임감 : 일을 끝까지 책임지고 마무리한다.
☐	전문성 : 업무 분야에서 꾸준히 실력을 쌓아간다.
☐	소통 능력 : 동료들과 이야기 나누고 협력하는 것을 즐긴다.
☐	서로 다름 존중 : 생각이 달라도 일단 듣고 존중하려고 한다.
☐	협업 능력 : 혼자보다 여럿이 함께 할 때 효율적이다.
☐	열정적 : 내가 하는 일에 의미를 찾고 몰입하는 편이다.
☐	회복탄력성 : 실패를 두려워하지 않고 다시 도전한다.
☐	호기심 : 익숙한 것에도 궁금해 하고 계속해서 질문을 이어간다.
☐	정직함 : 내 실수조차도 솔직하게 드러낼 수 있다.
☐	세심함 : 작고 소소한 부분까지도 끝까지 점검하고 챙긴다.
☐	빠른 학습능력 : 새로운 툴이나 기술도 빠르게 익혀 활용한다.
☐	공감능력 : 상대방의 감정이나 상황을 이해하고 그 마음을 함께 느낀다.

경험 정리하기

여기까지 했다면 자존감이 조금 올라갔을 것이다. 하지만 이것으로 끝내지 말고 하나만 더 했으면 좋겠다. 한 걸음만 더 가보자. 지금까지의 작업이 깃발을 세우는 과정이었다면, 이제부터 할 일은 그 깃발이 흔들리지 않도록 단단한 바닥을 다지는 작업이다.

앞서 정리한 대표 장점에 '그 장점이 실제로 드러났던 나의 경험'을 연결해 보는 것이다. 이렇게 하면 장점이 단지 '그럴 것 같아'라는 막연한 이미지에 그치지 않고, '나는 실제로 이런 삶을 살아본 사람'이라는 구체적인 기억과 연결된다.

우선, 내가 스스로 잘했다고 생각하는 프로젝트나 경험을 하나 떠올려 보자. 가급적이면 최근 2~3년 사이의 일이면 좋다. 너무 오래된 기억은 감정의 온기가 사라졌을 수 있지만, 최근의 경험은 더 생생하고 그 순간의 내가 왜 괜찮았는지를 되짚는 데 도움이 된다. 꼭 대단한 성과일 필요는 없다. 소소하고 일상적인 장면이어도 괜찮다. 중요한 건 그 일을 대하는 나의 태도와 마음이다. 가족을 위해 준비한 생일 파티, 팀원들과 함께 완수한 작은 업무, 친구를 도와줬던 기억처럼 일의 크기보다는 나의 역할과 마음이 담긴 순간이면 충분하다.

프로젝트를 떠올렸다면 그다음에 내가 어떤 경험을 했는지 자세히 정리해 보자. 그 경험에서 내가 어떤 역할을 맡았고, 구체적으로 어떤 행동을 했는지를 차근차근 적어보자. 가능한 한 상세하게 쓰는 것이 좋다. 그래야 내가 어떤 식으로 행동했고, 어떤 성향이 자연스럽게 드러났는지를 명확히 확인할 수 있다.

그리고 정리한 경험에서 나의 대표 장점 다섯 가지 중 어떤 것들이 발휘되었는지를 연결해 보자. 다섯 가지 전부가 드러나지 않아도 괜찮다. 한두 가지라도 그 안에서 생생하게 드러났다면 충분하다. 예를 들어, '팀 프로젝트에서 일정 관리를 맡아 꾸준히 체크하고 조율했다'는 경험이 있다면, 이는 '책임감', '꾸준함', '조율 능력'이라는 대표 장점으로 연결될 수 있다. 또는 '주변 친구들이 힘들 때 내게 먼저 연락해 줬던 기억'은 '공감', '배려', '신뢰감'으로 이어질 수 있다. 이 작업의 핵심은 내가 했던 행동과 태도에서 나의 장점을 다시 확인하고 인정하는 데 있다. 장점은 그저 누군가에게 '인정받는 것'이 아니라 내가 스스로 '인정하는 것'에서 시작된다.

경험 정리를 마무리했다면, 비슷한 경험을 했던 것들을 더 꺼내보는 것도 추천한다. 범위를 좀 더 넓혀서 2~3년 전의 경험이라도 비슷한 경험들을 나열하다 보면 내가 어떤 상황에서 어떤 장점을 발휘했는지를 더 확실하게 파악할 수 있게 된다.

이렇게 나의 경험을 두세 개 정도 정리하다 보면 대표 장점들이 막연한 이미지가 아닌 '실제의 나'를 설명하는 단단한 증거로 자리 잡게 된다. 그리고 이 과정은 단지 내면의 힘을 기르는 것에 그치지 않고 외적으로도 활용 가능한 자산이 된다.

경험 정리 양식

경험을 정리하는 과정은 단순히 나를 사랑하는 무형의 자산을 형성하는 것 외에도 취업 준비나 이직 활동의 기초 자료가 될 수 있다.

대학생들이나 이직 준비자들과 만나 이야기를 나눠보면, 막상 자기소개서를 쓰려 할 때 어떤 내용을 어떻게 써야 할지 막막하다는 이야기를 자주 듣는다. 하지만 내가 갖고 있는 장점과 그것이 실제로 드러났던 경험을 정리해 두면 나만의 포트폴리오가 된다. 원하는 회사에 지원할 때 그 회사가 중요하게 여기는 인재상과 나의 장점을 연결해서 구체적인 경험을 자기소개서에 담는다면 강력한 설득력을 가질 수 있다.

꼭 취업과 이직이 아니더라도 이 경험 정리는 다양한 분야에서 활용될 수 있다. 예를 들어 새로운 도전을 계획할 때, 리더십을 발휘해야 하는 상황에서, 혹은 누군가에게 나를 소개해야 하는 순간에도 유용하게 쓰일 수 있다.

경험 정리하기

경험1 _____

• 역할 :

• 발휘된 장점 :

• 비슷한 경험 :

경험2 _____

• 역할 :

• 발휘된 장점 :

• 비슷한 경험 :

경험3 _____

• 역할 :

• 발휘된 장점 :

• 비슷한 경험 :

지금까지 우리는 자기 관찰을 긍정적으로 하는 방법으로써 '장점 찾기'의 여정을 걸어왔다. 이 작업의 핵심은 내 안의 가치를 내가 스스로 인정하는 데 있다. 내가 쓴 장점들이 내가 살아온 구체적인 삶의 장면들과 연결될 때 나를 바라보는 태도가 달라진다. 이는 단순한 기분의 변화가 아니라 앞으로 내가 어떻게 살아갈지, 어떤 선택을 하고 무엇을 지켜야 할지를 결정짓는 기준이 된다. 내가 나를 신뢰하는 태도야말로 자기 발견의 출발점이자 성실한 삶을 위한 단단한 기반이 되어줄 것이다.

　　이제 1단계를 마무리하고, 2단계 활동으로 넘어가 보자.

2단계 :
자기 탐색을 통한 하고 싶은 일 찾기

성실하게 사는 사람들이 많다. 하지만 성실에 대한 정의는 각자가 다르다. 남의 시선에 맞춰 열심히 사는 것일 수도 있고, 매일 할 일을 해내는 모습일 수도 있다. 하지만 이 책에서 말하는 성실은 타인의 기대가 아니라 '나 자신에게 진심을 다하는 삶'을 의미한다.

이를 위해 1단계에서는 나 자신을 관찰하며 '나는 어떤 사람인가'를 들여다보았다. 2단계에서는 자기 탐색의 과정으로 '나는 어떤 삶을 원하는가'를 찾아보려 한다.

관찰과 탐색은 비슷한 개념으로 느낄 수 있다. 물론 사전적 의미는 비슷할 수 있지만 이렇게 구분하고 싶다. 1단계에서의 관찰은 지금의 나를 있는 그대로 바라보는 행위였다. 판단 없이, 비교 없이, 있는 그대로의 나를 알아보는 것이다. 말하자면

'현 위치 확인'이다.

하지만 앞으로 진행할 탐색은 내가 어디로 가고 싶은지, 어떤 삶을 향해 마음이 움직이는지를 살펴보는 일이다. 말하자면 '나침반을 꺼내보는 일'이다. 탐색의 핵심은 정답을 찾는 게 아니라, 내 안의 가능성과 끌림을 꺼내보는 것이다. 어떤 방향으로든 내가 나아갈 수 있다는 감각, 그 감각을 복원하는 데서부터 진짜 성실한 삶은 시작된다고 나는 믿는다. 그 질문은 결국 이렇게 이어진다.

"나는 지금 무엇을 하고 싶은가?"

하고 싶은 일을 찾는 것은 자기 탐색의 시작이자, 진짜 나에게 성실한 삶을 살아가기 위한 첫 번째 나침반이다. 이제 그 나침반이 가리키는 방향을 하나씩 살펴보려 한다.

왜 하고 싶은 일을 애써 찾아야 할까

"하고 싶은 게 있나요?"

이 질문에 쉽게 답할 수 있다면 좋겠지만 의외로 많은 사람들이 답하기를 힘들어한다. 고구마 100개를 먹은 듯 답답하다. 하고 싶은 게 뭔지 잘 모르니까. 우리는 해야 할 일을 정리하는 데는 익숙하다. 오늘 할 일, 이번 주까지 마쳐야 할 일, 상반기 목표, 연말 실적… 이런 건 누가 안 시켜도 잘 쓴다. 그런데 하고 싶은 일을 찾는 것은 생각보다 어렵다. "그걸 꼭 찾아야 하나요?" 하는 마음도 든다. 바쁘게 사는 것도 벅찬데 굳이 하고 싶은 일까지 찾아야 하나 싶기도 하다.

　　어릴 땐, 하고 싶은 게 분명했다. 놀고 싶으면 놀고 궁금하면 물어보고 싫으면 싫다고 말할 수 있었다. 별다른 이유도 없었다. 그저 마음이 끌리는 대로 행동했다. 그게 너무나 자연스러웠고, 그게 바로 나답게 사는 방식이었다. 하지만 나이가 들면서 조금씩 달라진다. 해야 할 일들이 늘어나고, 남의 시선과 사회의 기준이 중요해지고, '하고 싶은 것'은 점점 뒷전으로 밀려난다. '하고 싶은 것'에 대해서도 심각하게 생각한다. 뭔가 하고 싶은 것이라고 하면 가치 있고 의미 있어야 한다고 생각한다. 꿈과 장래 희망 같은 느낌이랄까? 때문에 하고 싶은 일에 부담을 갖게 되고 자연스럽게 멀어졌다.

　　우리는 왜 하고 싶은 일을 찾아야 할까?
　　정말 그것이 그렇게 중요한 일일까?

　　하고 싶은 일을 찾는 것은 나를 더 잘 살게 하기 위한 일이

99

아니라, 나에게 진심인 삶을 살기 위한 출발점이기 때문이다. 하고 싶은 게 없을 때 삶은 어느 순간 '살아지는 것'처럼 느껴진다. 정해진 시간표대로 흘러가는 하루 같고, 다 해냈지만 어쩐지 허전한 날들처럼 느껴진다. 그럴 땐 내가 살아가는 건지, 그냥 흘러가는 건지 모호해진다. 그저 버티는 존재로 꾸역꾸역 살아가는 존재가 된다. 하지만 '하고 싶은 것'을 하나라도 떠올릴 때 삶에 방향을 새롭게 만들어 간다. 내 안의 설렘을 찾아가면서 즐거운 순간을 기다리게 된다.

아마도 우리는 처음부터 하고 싶은 것을 따라 살아가도록 만들어진 존재일지도 모른다. 어린아이가 하고 싶은 것을 하면서 즐거워하듯 내 안의 감각을 다시 깨워보려는 것이 하고 싶은 것을 찾는 목적이다.

지금 이 시점에서 "나는 무엇을 하고 싶은가요?"라는 질문을 자신에게 던져야 한다. 이는 내가 나에게 다시 말을 걸어보는 일이다. 한동안 묻어두었던 마음의 소리를 조금 더 가까이 들어보는 일이다. 하고 싶은 일을 꼭 찾아야 한다고 말하고 싶진 않다. 다만, 한 번쯤은 애써 찾아봐야 한다고 생각한다. 그 애씀은 단지 목표를 향한 노력이 아니라, 내가 나에게 진심이 되어보는 태도이기 때문이다.

하지만 여기서 하고 싶은 일에 대해서는 조금 다른 정의를 내리고 싶다. 하고 싶은 일이라고 해서 거창한 것을 생각할 필요는 없다. 그렇게 하려면 너무 힘들어서 숨이 턱 막힐지도 모르겠다. 진짜로 하고 싶은 일은 처음엔 멋져 보이지 않을 수도 있다.

'혼자 카페에서 2시간 보내기'
'만 보 이상 걸어보기'
'아무한테도 말 안 하고 하루 쉬기'

사소한 것도 괜찮다. 오히려 사소한 일들이 생각보다 마음을 더 많이 움직이기도 한다. 내가 어떤 것을 좋아하는 사람인지, 어디서 기분이 좋아지는지, 무엇을 하면 나다워지는지를 알려주는 건 오히려 그런 조용한 순간들이다. 이 작업의 핵심이다. 대단하지 않더라도 내 마음의 소리에 귀를 기울이면서 '한번 해봐도 괜찮은 것'을 찾아보는 가벼운 탐색이다.

이제, 하고 싶은 일을 한번 꺼내보자. 처음부터 생각이 잘 나지 않아도 괜찮다. 쓰다 보면 어쩐지 마음이 풀리고, 어느 순간 '아, 이거 진짜 해보고 싶다' 하는 게 슬쩍 고개를 들지도 모른다. 이제 나만의 리스트를 시작해 볼 차례다. 이름하여, 하고 싶은 일 100개 쓰기.

하고 싶은 일 100개 쓰기

실컷 '하고 싶은 일을 찾아보면 좋겠다'라고 이야기했는데, 막상 '100개를 써보자'라고 하면 다시 한번 좌절하는 분들이 있을지도 모르겠다. 하고 싶은 일이 없는 것도 괴로운데 그걸 100개나 적으라니 '이건 무슨 고문이야?' 싶은 마음이 들 수도 있다. 맨 처음 접했을 때 나도 같은 마음이었다. 실제로 100개를 쓰는 건 절대 만만한 일이 아니다. 생각보다 시간도 걸리고, 중간에 슬슬 딴짓도 하고 싶어진다. 하지만 언제나 그렇듯이, 한번이 어렵지 쓰다 보면 익숙해진다.

게다가 한 가지 더 좌절감을 안겨주자면, 그 100개는 '언젠가'가 아니라 1년 안에 해보고 싶은 일을 적어야 한다. 엎친 데 덮친 격 같다고? 그 마음을 모르는 바는 아니다. 그래도 부탁하고 싶다. 거부감이 들더라도 일단 한번 써보면 좋겠다. 이유는 단 하나다. 하고 싶은 일을 구체적으로 생각해야 진짜 내 마음에 도달할 수 있기 때문이다.

100개라는 숫자에는 나름의 이유가 있다. 처음 10개쯤은 금방 쓸 수 있다. 그동안 미뤄뒀던 일, 언젠가 해보고 싶었던 일들이 머릿속을 맴돈다. 20개쯤 지나면 머뭇거리기 시작한다. 30개쯤부터는 자꾸 손이 멈춘다. 그리고 40개를 넘기기 시작하면 이상하게도 내가 평소엔 잘 꺼내지 않던 마음이 하나둘 떠오른다. 누군가에게 말하지 않았던 바람, 나도 몰랐던 작은 갈망, 어릴 적 좋아했다가 잊었던 일들이 떠오르기 시작한다. 그게 바로 100개라는 숫자의 마법이다. 이 숫자는 나를 내 안쪽으로 조금 더 깊이 데려다준다. 쉽게 꺼낼 수 없던 것들이, 이쯤에서 슬쩍슬쩍 고개를 든다.

또 하나 중요한 조건은 1년이라는 시간이다. '언젠가' 하고 싶은 일은 무한히 미룰 수 있다. 그래서 마음이 진지해지지 않는다. 하지만 '1년 안에'라고 생각하면 내 시간과 생활 속으로 그 일이 살며시 들어오게 된다. 아예 못할 것도, 당장 하기엔 무리인 것도 있겠지만, 중요한 건 그 시간 안에서 내 마음의 우선순위를 발견하는 일이다. 무조건 다 해야 하는 건 아니다. 그저 1년이라는 시간의 틀을 통해 '지금 이 시기의 나는 어떤 삶을 바라고 있을까?'를 조금 더 선명하게 마주해 보는 것이다.

이렇게 1년이라는 제한된 시간에 100개나 되는 '하고 싶은 일'을 쓰다 보면 자연스럽게 나오는 게 바로 '구체화'다. 다양하게 정리하다 보면 점점 더 세세하게 생각하게 되고, 나도 모르게 구체적으로 나를 관찰하게 된다. 구체적으로 쓴다는 것은 마음 속 이미지를 선명하게 그려보는 일이다.

예를 들어 '여행 가기' 대신 '5월에 후쿠오카에 가서 혼자 라멘 먹고 카페에서 책 읽기'처럼 쓰게 된다. 이렇게 써야 그 일이 진짜 하고 싶은 일인지 아닌지가 더 명확해진다. 상상할 수 있어야 하고, 상상했을 때 설레는 마음이 생겨야 한다.

이는 결국 내가 하고 싶은 일을 명확하게 만드는 일이기도 하다. 그저 '좋을 것 같아서' 떠오른 아이디어가 정말로 내 삶과 감정에 닿아 있는지 확인하는 과정이다. 그래서 100개를 쓰면서 구체적으로 정리하다 보면, 진짜로 해보고 싶은 게 무엇인지 분명해진다. 이건 자기 탐색의 가장 직접적인 도구가 된다.

게다가 구체화 과정에서 가끔은 '아, 내가 지금 꽤 괜찮게 살고 있네.' '이건 이미 하고 있는 일이었네.' 하는 뜻밖의 자기 발견이 따라오기도 한다. 실제로 한 고등학생과 작업했던 사례가 있다. 그 학생은 '나를 학대하지 않기'를 하고 싶은 일로 적었는데, 막상 구체화해 보니 자기가 생각보다 잘 살아내고 있다는 걸 알게 되었다고 했다. 나만의 꿈을 향해 조금씩 나아가고 있다는 것을 발견했단다. 학대하고 있다는 감정이 비교와 스트레스로 인한 것이었음을 알 수 있었다고 했다. 구체적으로 쓴다는 건 하고 싶은 일을 명확하게 해주는 일이자, 때로는 지금의 나를 다르게 바라보게 해주는 일이기도 하다.

이때 유의할 점이 있다. 100개를 쓰다 보면, 생각보다 자주 거부감이 올라온다. 글을 쓰는 손보다 머릿속 의심이 더 앞서는 순간들이다. 가장 흔한 건 이런 경우다.

"어? 나 지금 하고 싶은 걸 쓰는 게 아니라 그냥 해야 하는 일을 적고 있는 것 같은데?"

'회사 프로젝트 마무리하기', '시험 공부 일정 세우기', '다음 주까지 은행 업무 처리하기' 같은 것들이 슬슬 목록 속에 섞이기 시작한다. 그러면 마음속에서 이런 말이 들린다. '이게 맞나? 그냥 할 일 적고 있는 건 아닌가?' 이런 마음이 드는 건 자연스러운 과정이다.

하지만 분명히 말해두고 싶다. '해야 하는 일'들도 얼마든지 '하고 싶은 일'이 될 수 있다. 해야 하는 일이지만 '잘 해내고 싶은 마음'이 담겨 있을 수 있다. '끝났을 때의 개운함'을 기대하는 감정이 들어 있을 수도 있다. 또는 '이걸 마무리해야 내가 하고 싶은 걸 할 수 있다'는 마음일 수도 있다. 그런 점에서 '해야 하는 일'을 먼저 떠올리는 건 어찌 보면 자연스러운 흐름이다.

진짜 하고 싶은 일을 찾기 위해 우선 머릿속 숙제부터 해결하고 싶은 마음. 우리 모두 그런 식으로 마음의 공간을 비우고 싶을 때가 있다. '이건 하고 싶은 일이 아니야'라며 적은 걸 지워버리기보다는 그 마음 그대로 적어두자. 그건 내가 지금 어디에 있는지를 보여주는 단서이기도 하다.

또 하나의 흔한 거부감은 불가능해 보이는 일들을 적고 있을 때 생긴다. 막상 쓰다 보면 이런 말이 고개를 든다. '이건 해보고 싶지만 나와는 안 맞는 일 같아.' '현실적으로 너무 어렵지 않나?' 그럴듯하게 적었지만, 마음속에선 '그래봤자 못할걸.' 하고 자신을 몰래 끌어내린다. 적고 나서 괜히 마음이 움츠러들고, 더 허무해지는 기분이 들기도 한다. 하지만 이럴 때도 멈추지 말고 써보자. '지금은 안 될 것 같지만 마음이 움직이는 것', 그게 바로 진짜 하고 싶은 일일 수 있다.

불가능해 보여도 괜찮다. 지금은 실현 가능성을 검토하는 시간이 아니다. 내가 지금 어디를 바라보고 있는지를 정직하게 마주하는 시간이다. 할 수 있을지 없을지는 나중 일이다. 중요한 건, 내가 어떤 방향을 향해 마음을 보내고 있는가를 조용히 꺼내보는 일이다.

100개는 결코 쉬운 숫자가 아니지만, 나에 대해 알 수 있는 가장 따뜻하고 정직한 방법이다. 이제 그럼 본격적으로 하고 싶은 일을 써보자. 막막한 사람들을 위해 다음 장에서는 단계별로 접근하는 방법을 안내하려 한다.

3년 후 일기 쓰기

'하고 싶은 일' 100개를 쓰기 전에 먼저 해볼 게 하나 있다. 내가 어떤 미래를 원하는지 상상해 보고, 그 하루를 글로 써보는 일이다.

하고 싶은 일을 쓴다는 건 단순히 목록을 정리하는 것이 아니다. 어떤 삶을 살고 싶은지를 꺼내보고 정리하는 작업이기도 하다. 내 삶의 나침반을 설정하는 일이기도 하다. 하지만 막상 쓰려면 어떻게 써야 할지 갈피를 잡기 어렵다. 첫 단추를 어떻게 꿰어야 할지 막막하다. 어디로 가야 할지 모르는데 발걸음을 떼라고 하는 것과 비슷하다.

이럴 때 방향성을 먼저 생각해 보는 데 도움이 되는 방법은 미래의 모습을 만나보는 일이다. 미리 살아보는 하루를 어떤 공간에서 시간을 보내고, 누구와 함께하고, 어떤 일을 하며 살아가는지, 그 하루를 글로 써보면 막연했던 바람이 조금씩 형태를 갖추기 시작한다.

하지만 너무 먼 미래를 그려보지는 않았으면 좋겠다. 너무 멀면 만져지지 않는다. 막연한 방향성은 하고 싶은 일을 뜬구름처럼 만들어 버릴 수 있다. 이 작업은 1년 동안 하고 싶은 일을 정리하기 위한 사전 작업이다. 너무 먼 미래를 그려놓으면 그걸 1년 안의 실행 항목으로 연결하기가 어려워진다. 그런 의미에서 3년은 아주 적절한 거리다. 지금의 나에게서 크게 벗어나지 않으면서도 충분히 상상할 수 있는 시간이며, 변화를 담기와 구체적인 그림을 그리기에도 괜찮은 간격이다.

3년 후 일기를 쓸 때 가장 중요하게 생각하는 포인트가 있다. 3년 후, 최고로 행복한 나의 하루를 상상해서 그려보는 것. 그래야 내가 바라는 삶의 모습이 더욱 선명해진다. 하고 싶은 일을 꺼내는 작업이 훨씬 수월해진다. 하지만 이 작업이 꼭 구체적

107

제2부. 진짜 성실한 삶을 위한 5단계

일 필요는 없다. 막연한 바람을 적어도 좋다. 진짜 속마음이 아니어도 괜찮다.

이 과정은 어디까지나 하고 싶은 일을 적어보기 위한 밑그림 단계라는 것만 기억해 두자. 나중에 진짜 원하는 것은 별도로 정리할 예정이니 너무 무게감을 두지 않아도 괜찮다. 그럼 어떻게 써야 할까?

복잡하게 생각하지 말고, 그냥 일기처럼 써보자. '3년 후, 나는 오늘 이렇게 살았다.' 그날 하루를 보낸 것처럼 써보는 것이다. 마치 오늘 하루 있었던 일을 정리하듯, 3년 뒤의 하루를 묘사해 보자.

상상하는 데 도움이 될 수 있도록 다음과 같은 질문들을 참고해보면 좋다.

3년 후 일기를 쓰기 위한 질문

☐	오늘 하루, 나는 어디에서 시간을 보냈는가?
☐	누구와 함께 어디에 살고, 어떤 사람들과 자주 어울리는가?
☐	어떤 일을 하며 하루를 보내고 있는가?
☐	여가 시간에는 무엇을 하며 보내는가?

☐	나의 건강 상태와 재정 상태는 어떤가?
☐	내가 소중하게 여기는 시간은 언제인가?
☐	오늘의 나의 마음가짐은 어떠한가?

이 일곱 가지 질문은 3년 후의 하루를 상상하는 데 도움을 주는 가이드 같은 역할을 한다. 꼭 이 질문들에만 얽매일 필요는 없다. 나만의 방식으로 질문을 더해도 좋고, 하나만 선택해서 써도 좋다.

중요한 것은 가장 행복한 나의 하루를 상상하고 글로 표현하는 것이다. 형식에 얽매이기 보다는 그냥 편하게 써보자. 어떤 질문이든, 하나하나 답해가다 보면 '내가 어떤 삶을 바라는가'라는 질문에 조금씩 가까워진다. 너무 멋진 이야기를 쓰려고 하지 않아도 된다. 다만, 지금의 내가 진심으로 바라는 하루를 솔직하게 써보면 된다.

이 작업을 통해 기분이 조금 좋아졌을까? 사실 이 작업의 핵심은 설렘을 충전하는 일이다. 내가 원하는 3년 후의 하루를 상상하는 것만으로도 어쩐지 마음이 조금은 말랑해진다. '이런 삶을 살 수 있다면 좋겠다'라는 생각이다. 그걸 잠깐이라도 마음 속에 품는 것만으로 지금의 나에게 작은 에너지가 된다. 지금 당장 할 수 없어도 괜찮다. 중요한 건 그 삶을 상상해 봤다는 사실이다.

그 설렘이 앞으로 써 내려갈 100개의 하고 싶은 일들을 더 진정성 있게, 그리고 더 내 마음 가까이에서 꺼내볼 수 있도록 도와줄 것이다.

관심영역 5개 설정하고 3년 내 목표 만들기

3년 후의 하루를 상상해 보았다면, 이제 그 하루 속에 담긴 '내 삶의 영역들'을 조금 더 세세하게 들여다보자. 우리는 보통 '일'이나 '가족'처럼 자주 생각하는 몇 가지 범주에만 익숙해 있다. 가장 큰 관심사인 '돈' 때문에 다른 것을 보지 못하는 경우도 많다. 물론 삶의 목표를 이루는 데 '원씽One Thing'이 중요하다는 말도 있다. 당연히 맞는 말이다. 어떤 하나의 가치를 중심에 두고 살아가는 건 방향을 잃지 않기 위한 좋은 전략이기도 하다. 하지만 그 '하나'에만 집착하다 보면 진짜 중요한 것을 놓칠 수도 있다. 우리는 그렇게 단순한 존재가 아니다. 내 마음속에는 다양한 욕구가 있고, 지금 이 순간에도 서로 다른 관심사들이 동시에 움직이고 있다.

게다가 현실적으로도 우리는 하나의 역할로만 살지 않는

다. 가정에서는 누군가의 가족이고, 회사에서는 동료이자 팀원이고, 사회에서는 친구, 시민, 이웃으로 존재한다. 그러니 내가 관심을 갖고 있는 것들이 하나로 정리되지 않는 건 너무나 당연하다. 하나의 이름으로 묶이지 않는 마음들을 지금 이 작업을 통해 자유롭게 꺼내보자.

작업은 간단하다. 지금 내 마음에 와닿는 다섯 가지 영역을 다음 장의 그림처럼 편하게 써보면 된다. 꼭 잘 정리된 분류일 필요는 없다. 그냥 지금의 내가 자주 생각하게 되는 것, 더 잘해보고 싶은 것, 혹은 신경 쓰고 싶은 것들로 채우면 된다. '일, 가족&나, 돈, 관계, 습관'처럼 익숙한 말이 떠오를 수도 있고, '나의 안정감', '걷는 시간', '창작', '나만의 루틴'처럼 좀 더 개성 있는 표현이 나올 수도 있다. 어떤 단어를 쓰든 괜찮다. 중요한 건 '지금의 나'로부터 출발하는 것이다.

한 가지 덧붙이자면, 이 다섯 가지 영역은 나중에 바뀔 수도 있다. 그래서 지금 이 시점에서는 그냥 마음 가는 대로, 생각나는 대로 적어보자. 이것은 나를 묶는 작업이 아니라 나를 더 들여다보기 위한 '틀'을 한번 잡아보는 일일 뿐이다.

관심 영역을 정했다면, 이제 각 영역에서 3년 안에 이루고 싶은 목표를 세 가지씩 정리해보자. 꼭 3년으로 제한할 필요는 없다. 당장 1년으로 제한해도 괜찮다. 끌리는 대로 나의 관심영역에 대한 구체적인 목표를 설정해 보자.

이 작업을 제안하는 데에는 몇 가지 이유가 있다. 첫 번째 이유는, 앞에서 상상했던 3년 후의 하루와 자연스럽게 연결되기 때문이다. 그 하루가 현실이 되기 위해서는, 그 하루를 구성하는 요소들을 조금 더 나눠서 바라볼 필요가 있다.

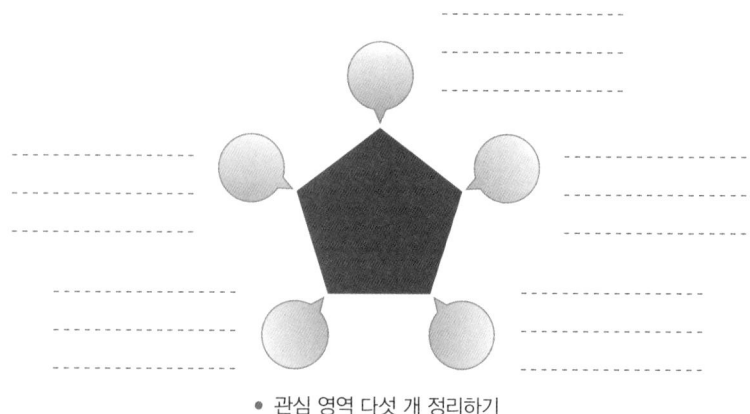

● 관심 영역 다섯 개 정리하기

두 번째 이유는 조금 더 자유롭게 써보기 위함이다. 1년 내 이루고 싶은 목표로 한정할 경우, 오히려 생각이 막힐 수 있다. 이 작업은 '1년 안에 하고 싶은 일'을 쓰기 위한 과정이지만, 조금 더 유연하게 생각하면 그 일을 정리하는 게 훨씬 수월해진다.

마지막 이유는, 이 작업이 내 삶의 균형을 점검할 수 있는 구조를 만들어 주기 때문이다. 관심 영역을 정해두고 그 안에 3

개씩 목표를 채워보면 어떤 곳에 나는 더 에너지를 쓰고 있는지, 어떤 부분은 비어 있는지도 자연스럽게 보인다.

편안하게 써보자. 어떤 형태로든 3년 내 이루고 싶은 것들을 항목별로 작성해 보면 그 자체로 '나'를 들여다보는 과정이 된다. 지금은 완벽한 계획을 세우는 시간이 아니라 내 마음의 방향을 가볍게 짚어보는 시간이다. 머릿속에 떠오르는 장면이 있다면 그걸 있는 그대로 적어보자. 처음부터 또렷하게 떠오르지 않아도 괜찮고, 조금 엉뚱해 보여도 전혀 문제가 되지 않는다. 중요한 건 지금 내 안에 무엇이 깃들어 있는지를 살펴보는 일이다.

막막하게 느껴진다면 몇 가지 예시를 참고해 보자. 흐릿했던 생각이 조금씩 형태를 갖출 수도 있다. 예를 들어, '일'이라는 항목에서는 '1년에 10번 이상 강의하기', '내가 직접 기획한 프로그램 운영해 보기' 같은 목표가 떠오를 수 있다.

'건강'에서는 '아침에 일어나서 스트레칭하기', '기분 좋은 삶 유지'처럼 일상 속 실천이 들어갈지도 모른다. '관계'에서는 '먼저 연락하는 연습하기', '고맙다는 말을 놓치지 않기'처럼 작고 구체적인 행동이 들어갈 수 있다.

작성하다 보면 일부 항목은 구체적인 목표가 쉽게 나오기도 하지만, 그렇지 않은 경우도 생긴다. 이는 관심 영역의 성격에 따라 다를 수 있다. 예를 들어 '돈'이나 '일' 같은 영역은 명확한 목표가 잘 설정되는 반면, '관계'나 '감정' 같은 영역은 그 특성상 '좋은 관계 유지하기' 같은 조금은 추상적인 표현이 어울릴 수 있다.

그렇다고 해서 덜 의미 있는 건 아니다. 물론 구체적으로 쓸 수 있다면 더 좋다. 그게 나중에 하고 싶은 일을 정리할 때 더 명확한 힌트가 되어주기 때문이다. 하지만 그게 어렵다면, 막연한 바람을 쓰는 것도 괜찮다. "지금은 잘 모르겠지만, 이 방향이 좋아 보여요." 그런 문장도 충분히 의미 있다. 지금은 '완성'이 아니라 '꺼내기'의 시간이다. 아직 말이 되지 않아도, 그 말 안에 마음이 담겨 있다면 그걸로 충분하다.

이런 식으로 가볍게라도 정리해 두면 하고 싶은 일 100개를 쓰기 전에도 이미 꽤 많은 걸 꺼낸 것이 된다. 그리고 나의 관심사와 바람이 자연스럽게 영역별로 정리되기 때문에 100개를 쓸 때도 훨씬 덜 막막하게 느껴질 것이다.

한 가지 유의할 점이 있다. 각 항목마다 꼭 3개를 다 채워야 한다는 부담은 갖지 않아도 된다는 점이다. 물론 3개를 적어보려고 노력하는 건 좋다. 하지만 억지로 짜내기보다는, 지금 떠오르는 것까지만 적어도 괜찮다. 어떤 영역은 금방 5개가 넘게 떠오를 수도 있고, 또 어떤 영역은 한참을 고민해도 하나밖에 안 떠오를 수도 있다. 나쁜 게 아니라, 지금 내 마음의 분포를 보여주는 신호일 뿐이다. 3개를 채우려 노력하되 비어 있는 경우는 너무 채우려 애쓰지 말자. 지금 여백이 필요하다는 뜻일 수도 있다. 어떻게든 가득 채우기보다, 지금 내 마음이 가리키는 것을 솔직하게 바라보는 일이 더 중요하다.

지금까지 3년 후의 하루를 상상해 보고, 그 하루를 구성하는 다양한 관심 영역을 나누어 그 안에서 바라는 목표들을 하나씩 꺼내보았다. 이 작업을 통해 원하는 삶에 대해서 한번 생각해봤다. 내 마음 속 바람을 구체적이든, 추상적이든 살펴보았다는 게 중요하다. 그리고 앞에서 말한 대로 이 과정이 나만의 설렘 포인트를 찾는 과정이 되었으리라 기대한다.

이제 그 흐름을 그대로 이어서 조금 더 가까운 시간 안에, 조금 더 일상적인 언어로 '1년 동안 하고 싶은 일 100개'를 써보는 작업으로 넘어가 보자. 구체적인 나의 바람을 하나씩 꺼내보는 시간을 가져보자. 내 삶에 한 걸음 더 가까이 다가가는 진정한 탐색의 시간이 될 것이다.

관심 영역별 목표 정하기 예시

일

- 내 이름으로 된 프로젝트를 운영해 보고 싶다.
- 1년에 10회 이상 강의를 하고 싶다.
- 3년 내 부장으로 승진하고 싶다.
- 업무 루틴을 자동화하는 시스템을 만들고 싶다.
- 글쓰기로 수입을 만드는 경험도 해보고 싶다.
- 서로에게 힘이 되는 협업 파트너를 만들고 싶다.

건강

- 일주일에 세 번 걷는 습관을 들이고 싶다.
- 정기적으로 건강검진을 받고 싶다.
- 매일 수면시간을 기록하며 나의 컨디션을 점검하고 싶다.
- 아침 스트레칭을 루틴으로 만들고 싶다.
- 몸무게보다는 하루의 활력을 위해 건강을 신경 쓰고 싶다.

관계

- 친구에게 먼저 연락하는 연습을 하고 싶다.
- 가족과 갈등 없이 대화할 수 있는 여유를 키우고 싶다.
- 좋은 대화가 있었던 날을 블로그에 기록해 보고 싶다.
- 고마운 일이 있을 땐 바로 표현하는 습관을 들이고 싶다.
- 진심 어린 편지를 한번 써보는 것도 나에게는 의미 있는 도전이다.

돈

- 매달 가계부를 정리하면서 돈의 흐름을 점검하고 싶다.
- 유사시 대비할 수 있는 비상금을 마련하고 싶다.
- 작은 수익 루트를 하나 만들어 보고 싶다.
- 무계획적인 소비를 줄이고 싶다.
- 내가 만족할 수 있는 소비 기준을 스스로 세워보고 싶다.

여가

- 혼자 여행을 다녀오는 시간을 가져보고 싶다.
- 한 달에 한 번은 문화생활을 즐기며 리프레시하고 싶다.
- 새로운 취미를 시작해 보는 것도 재밌을 것 같다.
- 일주일에 한 편 영화를 보고 싶다.
- 오랜 시간 푹 쉴 수 있는 하루를 일부러 만들고 싶다.

학습

- 온라인 강의를 하나 끝까지 수강하고 싶다.
- 관심 분야 책 10권을 읽고 싶다.
- 글쓰기 연습을 꾸준히 할 수 있는 루틴을 만들고 싶다.
- 토론 모임에 참여해 생각을 나누는 경험을 해보고 싶다.
- 새로운 분야에 도전해보고 싶다.

나

- 혼자 보내는 시간을 더 소중히 여기고 싶다.
- 마음 일기를 쓰며 나를 들여다보는 습관을 만들고 싶다.
- 하루 10분 명상으로 마음을 정돈해 보고 싶다.
- 내가 좋아하는 장소에 정기적으로 가보고 싶다.
- 내 취향을 글로 정리해보고 싶다.

감정

- 감정일기를 써서 내 감정의 흐름을 관찰하고 싶다.
- 짜증나는 상황이 왜 그랬는지 정리해 보고 싶다.
- 기분 좋았던 순간을 적으며 작은 행복을 기록하고 싶다.
- 감정을 표현하는 연습을 꾸준히 하고 싶다.
- 불편한 감정을 억누르지 않고 인정하는 연습을 하고 싶다.

자기관리

- 일정 관리를 위한 루틴을 만들고 싶다.
- 해야 할 일을 리스트로 정리하는 습관을 만들고 싶다.
- 하루의 끝에 오늘을 정리하는 루틴을 만들고 싶다.
- 일주일 단위로 목표를 설정해 살아보고 싶다.
- 계획을 점검하는 루틴도 생활에 넣어보고 싶다.

삶의 태도

- 내가 중요하게 여기는 삶의 태도를 정리해 보고 싶다.
- 말보다 행동에 집중하는 태도를 연습하고 싶다.
- 타인과의 비교를 줄이고 싶다.
- 겸손하게 피드백을 받아들이고 싶다.
- 실패에 유연하게 반응하는 태도를 기르고 싶다.

1년 동안 하고 싶은 일 정리하기

이제 본격적으로 1년 동안 하고 싶은 일을 정리해 보자. 앞에서 정리한 3년 내 이루고 싶은 목표들을 바탕으로, 그 목표에 다가가기 위해 올해 안에 할 수 있는 일들을 하나씩 구체적으로 적어보는 시간이다. 1년 동안 목표를 위해 무엇을 하면 좋을까를 하나씩 꺼내보자.

이 과정을 시작하기 전에 염두에 두면 좋은 네 가지 원칙이 있다. 세세하게, 측정 가능하게, 시간을 생각하되, 실현 가능성은 잠시 내려놓는 것이다. 이 네 가지는 단순히 정리의 기술이 아니라, 내 마음을 명확하게 꺼내기 위한 기본 태도다.

1) 세세하게 쓴다 : 꼬꼬무

하고 싶은 일이 너무 크면 손에 잡히지 않는다. 창업하기, 돈 많이 벌기, 건강하게 살기 같은 말은 멋지지만, 막상 실천 단계로 들어가려 하면 막막함만 남는다. 이럴 땐 큰 목표를 먼저 적고, 그다음 스스로에게 질문을 던져보자. 무엇을, 어떤 방식으로, 어떻게 준비해야 하지라는 질문과 답이 이어지다 보면 막연했던 목표가 자연스럽게 작은 행동으로 구체화된다.

이미 우리는 앞 단계에서 관심 영역별 목표를 정리했다. 이제는 그 목표들을 조금 더 잘게 쪼개보는 시간이다. 이 과정을 나는 '꼬리에 꼬리를 무는 과정' 즉 '꼬꼬무 과정'이라고 불러보고자 한다.

예를 들어 '1억 벌기'라는 목표가 있다면, 그다음 질문은 이렇게 이어질 수 있다. 어떤 수입 루트를 만들지?라는 질문과 워크숍을 늘려야겠다는 답이 생기며, 누구를 대상으로라는 물음에는 직장인 대상의 자기 탐색 워크숍이 떠오른다. 어떻게 준비할까?라는 질문에는 기획안을 만들고 참가자 인터뷰를 하고 홍보 글도 써야겠다라는 구체적인 답을 하게 된다.

이처럼 질문이 꼬리를 물고 이어지다 보면 처음엔 보이지 않았던 세부 실천들이 자연스럽게 떠오른다. '직장인 대상 자기 탐색 프로그램 만들기', '프로그램 기획안 만들고 홍보하기' 등과 같은 세부적인 것들을 하나씩 마련할 수 있다.

'1억 벌기'라는 목표는 여전히 크지만 그 안에서 내가 '지금 할 수 있는 일'들이 하나씩 드러나게 된다. 중요한 건 완벽하게 쓰는 것이 아니라 흐름을 끊지 않고 계속 이어가는 것이다. 막히면 다시 돌아오면 된다. 일단, 무엇이든 써보자.

예를 들어보자. 유튜브 100만 구독자 만들기라는 목표가 있다면, 어떤 주제로 채널을 만들까?, 누구를 대상으로 할까?, 일주일에 몇 편의 영상을 만들 수 있을까?, 홍보는 어떤 식으로 할까?, 수익화를 위해 어떤 옵션이 필요할까?와 같이 꼬리에 꼬리를 물고 질문을 하고 거기에 답해보자. 질문이 꼬리를 물고 이어질수록 목표는 점점 더 선명해지고, 하고 싶은 일은 실현 가능한 계획으로 다가온다.

'취업하기' 같은 목표도 마찬가지다. 어느 분야에?, 그 일을 하기 위해 필요한 역량은?, 경험을 쌓을 수 있는 기회는 어디에 있을까?와 같은 질문들을 따라가다 보면 처음에는 막막하게만 느껴졌던 목표도 조금씩 실천의 방향을 드러내기 시작한다.

너무 많은 고민은 하지 않아도 된다. 손이 흐르는 대로 생각이 떠오르는 대로 써보자. 필터링하지 말고, 판단하지 말고, 마음이 가는 대로 쭉쭉 써보는 것이다. 그게 바로 '꼬꼬무'의 핵심이다. 꼬리에 꼬리를 물면서 하고 싶은 일을 뽑아내 보자.

2) 측정 가능하게 쓴다 : 아무튼 숫자

하고 싶은 일을 쓰다 보면 자꾸 두루뭉술한 말이 많아진다. 운동하기, 책 읽기, 자기 계발 하기…. 어디서 많이 본 말들이지만, 막상 나에게 이게 얼마나 와닿는지 잘 모르겠다. 그럴 땐 이렇게 물어보자. "이걸 내가 진짜 하려면 얼마나? 몇 번?" 질문 하나만 바꿔도, 막연했던 목표가 갑자기 생생해진다.

예를 들어, 운동하기보다 일주일에 세 번 30분 걷기가 훨씬 더 마음에 와닿는다. 그 이유는 명확하다. 실제로 했는지 안 했는지를 확인할 수 있기 때문이다. 막연한 말보다 구체적인 말이 행동으로 이어진다. 바로 이 지점이 두 번째 원칙이다.

나는 이 과정을 '아무튼 숫자'라고 부른다. 무슨 일이든, 어떻게든 숫자를 넣어보는 것이다.

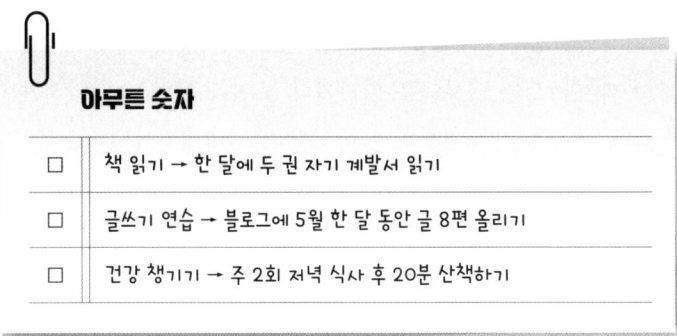

아무튼 숫자

☐	책 읽기 → 한 달에 두 권 자기 계발서 읽기
☐	글쓰기 연습 → 블로그에 5월 한 달 동안 글 8편 올리기
☐	건강 챙기기 → 주 2회 저녁 식사 후 20분 산책하기

이처럼 숫자가 들어가는 순간, 그 일은 더 이상 추상적인 바람이 아니다. 실천 가능한 약속이 되고, 선명하고 생생한 가이드가 되어준다. 그런데 여기서 마음속에 이런 생각이 들 수 있다. 이걸 꼭 숫자로 써야 하나요?, 갑자기 숙제 같고, 회사 보고서 느낌인데요?라고 말하게 된다.

공감한다. 하고 싶은 일을 쓰는데 갑자기 '수치' 이야기라니, 자칫 부담스럽게 느껴질 수도 있다. 하지만 이건 실현 가능성을 높이기 위한 최종 계획이 아니라, 내가 나에게 던지는 마법의 질문 한 줄을 붙여보는 작업이다. 숫자라는 마법 가루 덕분에 하고 싶은 일이 좀 더 선명해진다.

"몇 번?", "몇 시간?", "얼마나 자주?"

이 간단한 질문 하나로 하고 싶은 일이 훨씬 생생한 이미지로 다가온다. 또한 숫자가 들어간 목표는 1년 뒤 돌아보는 과정에서 중요한 역할을 한다. 내가 어디쯤 와 있는지를 확인할 수 있고, 돌아봤을 때 얼마나 했는지 기록이 남고, 습관으로 연결되기 쉽다. 숫자 덕분에 내가 진짜 해냈다고 말할 수 있는 작은 증거가 되어줄 것이다.

물론, 모든 항목에 숫자를 붙일 수는 없다. 때로는 자주 하기, 덜 하기, 안 하기 같은 막연한 표현이 더 어울릴 때도 있다. 예를 들어, 덜 눈치 보기, 매일 내 기분 챙기기, 스스로를 미워하지 않기 같은 것들은 그 자체로 충분히 소중한 바람이다. 그러니까 숫자는 도구일 뿐 기준이 아니다. 조금 더 생생하게 써보는 연습일 뿐이지, 모든 것을 정확히 계산하자는 것은 아니다. 숫자를 넣어보는 것, 그 자체가 지금 내 마음을 조금 더 선명하게 바라보게 해주는 도구라는 사실만 염두에 두자.

다시 강조한다. 이왕 쓰는 거라면 아무튼 숫자가 중요하다. 다만 굳이 억지로 끼워 넣을 필요는 없다. 지금은 단지 내가 무엇을 바라고 있는지를 또렷이 보고 싶은 마음이면 된다.

3) 기한 또는 기간을 설정한다 : 캘린더 박제

'아무튼 숫자'를 통해 막연했던 목표에 숫자를 붙이고, 단순한 바람을 실천 가능한 문장으로 바꾸는 연습을 해봤다. 하지만 숫자를 붙였다고 해서 모든 게 해결되는 건 아니다. 한 달에 두 권 책 읽기, 주 2회 저녁 산책하기 같은 문장은 확실히 선명해졌지만, 아직 '언제까지' 할 것인지, '얼마 동안' 실천할 것인지는 정해지지 않은 것들도 있을 수 있다. 그 일을 진짜로 삶 속에 들여오는 작업, 그게 바로 세 번째 원칙인 캘린더 박제, 줄여서 '캘박'이다.

숫자는 목표를 또렷하게 만들어 준다. 하지만 캘박은 그 목표를 시간 안에 놓이게 함으로써 행동으로 연결시켜 준다. 말하자면 무엇을 얼마나 할 것인가가 숫자의 역할이라면, 언제까지, 얼마 동안 할 것인가는 캘박의 역할이다.

예를 들어, '블로그에 글 8편 쓰기'를 적었다면 그 옆에 이렇게 붙여보자. '5월 한 달 동안, 6월 말까지, 3개월 동안 주 1회씩.' 그렇게 기간 또는 시간을 더해주면, 하고 싶은 일은 그냥 '나중에 할 일'이 아니라 시간 안에 초대된 손님이 된다. 막연했던 일이 갑자기 내 삶 근처로 다가온다.

오랜만에 만난 친구와 점심 약속을 잡는 것과도 비슷하다. "우리 언제 밥 한번 먹자~"라고 하는 친구와는 결국 밥을 못 먹게 된다. 하지만 "이번 주 금요일에 저녁 어때?"라고 물어보면 약속은 성사될 가능성이 높다. 하고 싶은 일도 마찬가지다. 기한이 없는 바람은 방향 없는 풍선과 같다. "언제 한번 해보자"는 말은 언제 한번 할지도 모른 채 표류할 가능성이 높다.

정해진 기간이 있다고 해서 꼭 완벽하게 지켜야 하는 건 아니다. 중간에 미뤄질 수도 있고, 갑자기 다른 일이 생길 수도 있다. 기간이나 기한을 압박으로 느끼지 않았으면 좋겠다. 다만 이것이 우리의 마음을 움직이는 방식이라는 것만 인지하면 된다. 꼭 그때까지 하지 않더라도 내 마음속 달력에 '이쯤' 하고 싶다고 박제해 둔 것만으로도 그 목표는 나에게 조금 더 가까워진다.

시간 안에 꽂아보자. 언제까지. 또는 얼마 동안의 기한과 기간을 마음속에 달아두면, 그 일은 더 이상 '언젠가'가 아니라 '곧' 하게 될 일로 바뀐다. 이게 바로, 캘박이다.

4) 실현 가능성 생각하지 않기 : 일단 쓰기

지금까지 세 가지 원칙을 따라 하고 싶은 일을 조금 더 구체적으로 써보는 연습을 했다. 첫 번째는 꼬꼬무. 큰 목표를 작게 쪼개어 '내가 지금 뭘 할 수 있는지' 하나씩 꺼내보는 과정이었다. 두 번째는 아무튼 숫자. 막연했던 하고 싶은 일에 수치를 붙여 실제로 실천할 수 있는 형태로 만드는 과정이었다. 세 번째는 캘박. 언제까지, 얼마 동안이라는 시간의 범위를 더해 그 일을 현실 속의 일정으로 끌어오는 과정이었다.

이 세 가지는 모두 '마음을 구체화하는 과정'이라고 말할 수 있다. 내가 바라는 삶, 내가 진짜 하고 싶은 일들을 머릿속에서 꺼내어 조금 더 분명한 형태로 그려보는 과정이다.

하지만 어느 순간부터 이 작업이 조금 벅차게 느껴질 수도 있다.

"이거 너무 열심히 해야 하는 거 아냐?"
"이게 하고 싶은 일 정리가 맞긴 맞나…?"
"하다 보니 그냥 할 일 목록처럼 보이는데….''

그런 마음이 생기는 것도 자연스럽다. 어쩌면 그것은 우리가 그동안 너무 '해야 할 일' 중심으로 살아왔기 때문일지도 모른다. 게다가 지금 작업은 목표를 정하고, 쪼개고, 구체화하는 과정이었으니 계획처럼 느껴지는 것도 당연하다. 조금 부담스럽게 느낀다면 오히려 잘 따라오고 있다는 증거일 수 있다.

그래서 여기서 한번 브레이크를 걸어주고 싶다. 안 해도 괜찮다. 하고 싶은 일을 썼다고 꼭 해야 하는 건 아니다. 이 작업은 계획표가 아니다. 실행을 염두에 둔 계획이라기보다, 내 마음을 알아보는 정리에 가깝다. 안 했다고 뭐라 하는 사람은 아무도 없다. 어디까지나 지금의 나는 '마음속에 있는 것을 꺼내보는 중'이다. 그게 전부다.

그래서 네 번째로 실현 가능성은 잠시 내려놓자를 강조하고 싶다. 그저 지금 내 안에 올라오는 바람이 있다면, 그걸 한 줄 써보는 것만으로도 충분하다.

"이건 나랑 안 맞는 일일지도 몰라."
"현실적으로는 어렵지만, 해보고 싶다."
"그냥 막연히 떠오르는 바람이다."

괜찮다. 그게 바로 진짜 마음이 나오는 순간이다. 나 또한 일단 쓰고 보는 타입이다. 매년 하고 싶은 일을 쓰면서 꼭 쓰는 게 하나 있다. '유퀴즈 출연'이 바로 그것이다. 솔직히 말도 안 되는 이야기다. 내가 무슨 연예인도 아니고, 유명한 사람도 아닌데도 그냥 썼다. 그것을 쓰는 순간 마음이 설렜다. 그런데 그것으로 끝나지 않았다. 그 문장을 쓰고 나니 다른 바람들도 조용히 따라 올라왔다.

"나만의 이야기로 강연 열기."
"남의 유튜브에 출연하기."
"사람들 앞에서 진심을 전해보기."

처음엔 하나였지만, 그 하나를 썼더니 마음이 풀렸다. 진짜 하고 싶은 일들이 하나씩 조심스럽게 얼굴을 드러내기 시작했다. 실현 가능성이라는 자물쇠를 푸는 순간 마음속 문이 열렸다. 그리고 그 안에서 생각지도 못했던 바람들이 살금살금 걸어 나왔다. 신기한 것은 그렇게 쓰고 나니 유퀴즈에 나가는 것도 허무맹랑한 일이 아닌 것처럼 느껴졌다는 점이다. 꼭 바란다면 언젠가는 할 수 있지 않을까?

그래서 말하고 싶다. 일단 써보자. 지금 당장은 불가능해 보여도 괜찮다. 이상해 보여도, 막연해도, 뜬금없어도 괜찮다. 지금은 판단보다 발견이 먼저다. 지금은 실현보다 표현이 먼저다. 일단 쓰기. 그 마음은 내가 나에게 보내는 작은 신호일 수 있다. 그리고 어쩌면 그 한 줄이 다른 수많은 가능성의 문을 열어줄지도 모른다.

네 가지 원칙에 따라 내가 정한 목표 하나하나에 대해 하고 싶은 일을 구체적으로 정리해 보자. 쓰다 보면 어떤 목표에서는 하고 싶은 일이 열 개도 넘게 쏟아질 수도 있다. 반면 어떤 항목은 두세 개 적고 나면 더는 떠오르지 않을 수도 있다. 괜찮다. 기계적인 균형을 맞출 필요는 없다. 내 관심사의 차이에 따라, 목표의 성격에 따라 다를 수 있다. 지금 내 마음이 어디에 가 있는지를 정직하게 살펴보는 것이 더 중요하다.

이 작업은 완벽한 목록을 만드는 일이 아니다. 생각나는 대로, 지금 떠오르는 대로, 마음이 흐르는 방향을 따라 써보자. 조금 엉성해도 괜찮고, 말이 안 돼 보여도 괜찮다. 다만, 많이 써보자. 다양하게, 마음껏 적어보자. 양의 축적이 질의 변화를 만든다. 내가 원하는 삶의 단서들이 하나씩 고개를 들기 시작할 것이다.

사소한 일상의 행복 찾기

앞에서는 목표와 연결된, 하고 싶은 일을 정리해 보았다. 하지만 모든 바람이 그렇게 '의미 있고, 목표 지향적'일 필요는 없다. 가끔은 그냥, 이유 없이 한 번쯤 해보고 싶은 일도 있는 법이다.

"그냥 재미있을 것 같아서."
"왠지 마음이 끌려서."

그 정도 이유면 충분하다. 그래서 이번에는 그냥 한번 해보고 싶은 것들을 가볍게 꺼내보자. 세상에 대단한 일이 아니어도 좋다. 누군가는 매일 하는 일이더라도 나에겐 아직 해보지 않은 일일 수 있다. 예를 들면 이런 것들이다.

가볍게, 편하게, '해보고 싶다'는 그 마음 하나면 된다. 꼭 의미 있는 일이 아니라도 괜찮다.

그냥 한 번쯤 해보고 싶은 것, 그 안에 지금의 내가 숨어 있을지도 모른다. 일상에서 사소하고 소소한 행복이 무엇인지 생각해 보면 좋겠다.

몇 가지 생각이 안 난다면, 좋아하는 사람을 다섯 명 떠올려 보자. 그들의 이름을 써보고, 그들과 함께 해보고 싶은 일들을 하나씩 적어보는 것이다. 엄마랑 단둘이 찜질방 가기, 친한 친구와 아무 말 없이 같이 산책하기, 조카와 하루종일 놀아주기와 같은 것들 말이다. 관계를 매만지는 일은 작지만 가장 큰 기쁨이 될 수 있다.

그리고 여기서 한 가지 더. 나를 위한 선물에 대해서도 진지하게 생각해 보고 적어보자.

　　"넌 너를 위해서 뭘 해주니?"

　　드라마 〈슬기로운 의사생활〉에서 채송화 선생이 했던 그 명대사다. 이 질문을 들었을 때 뜨끔했다. 나에게 무엇을 해주는지 고민해 볼 수 있었다. 나를 위한 선물은 내가 나에게 해줄 수 있는 것들을 정리해 보는 작업이다. 굳이 거창할 필요는 없다. 갖고 싶었던 물건 하나, 오래 묵혀둔 취미, 하루 종일 아무것도 안 해도 되는 시간, 이런 것들이 가장 현실적인 선물일 수 있다.

　　예를 들어, 오랫동안 배우고 싶었던 드럼 레슨 등록하기, 나 혼자 온천 여행 다녀오기, 매주 토요일 아침 3시간은 휴대폰 꺼두기 등 이런 것들 말이다. 물건이나 특별한 경험을 선물로 주어도 좋다.

　　단, 유의할 점이 있다. 선물의 주체는 반드시 나여야 한다. 로또 1등 당첨, 아이 대학 합격 같은 것은 안 된다.(그건 선물이라기보다 우주의 기적이다.) 매주 5천 원의 로또를 나에게 선물하기, 대학 합격을 바라며 진심으로 응원하기 등과 같이 바꿀 수 있다. 내가 결정하고, 내가 움직이면 이룰 수 있는 일이어야 한다. 그것이 진짜 자기를 위한 선물이다.

　　나를 위한 선물은 이 모든 걸 해내느라 애쓴 나에게 주는 보상이자, 내가 나를 존중하는 방식이다. 내가 나에게 주는 가장 작은 관심, 그게 진짜로 오래 기억에 남는 선물일지 모른다. 어쩌면, 이 리스트에서 가장 먼저 실현하게 되는 것도 바로 그것일지도 모른다.

이 외에도 하고 싶은 일을 위해 다양한 질문을 더 던질 수 있다.

하고 싶은 것을 찾기 위한 질문 리스트

- ☐ 꼭 가보고 싶은 곳은 어디인가?
- ☐ 만나고 싶은 사람은 누구인가?
- ☐ 새롭게 도전하고 싶은 것은 무엇인가?
- ☐ 요즘 나를 웃게 만드는 것은 무엇인가?
- ☐ 내가 지금 나에게 해주고 싶은 말은?

꼭 틀에 얽매일 필요는 없다. 하고 싶은 일과 직접적으로 연관이 없어도 된다. '나'에 대한 다양한 질문들은 '하고 싶은 일'을 조금 더 다채롭고, 지금의 나에게 가까운 모습으로 꺼내보는 데 도움을 줄 수 있다. 때로는 질문 하나가 생각지도 못했던 바람을 끄집어내기도 하니까.

이렇게 하면 '100개 쓰기'는 마무리된다. 꼭 100개를 다 채워야 하는 것은 아니다. 하지만 가능한 한 많이, 될 수 있으면 끝까지 써보자. 우리가 '100개'라는 숫자를 강조하는 이유는, 목표가 있으면 더 쉽게 꺼낼 수 있기 때문이다. 이 정도면 됐지 하고 멈추는 순간이 아니라, 하나만 더… 진짜 마지막으로 하나만 더라며 머리를 쥐어 짜내는 그 시간이 진짜 보물창고일 수 있다.

힘들 수도 있다. 쓰다가 멈추고, 하다가 눕고, 또 멍하니 있다가 다시 펜을 들게 될지도 모른다. 그런데 바로 그 버벅이는 시간 속에서 나도 몰랐던 내 마음이 고개를 든다. 억눌러 두었던 작은 바람, 그냥 스쳐 지나갔던 생각, "이거 써도 되나?" 싶은 것들이 슬그머니 고개를 내민다.

100개를 채우려는 그 애씀 자체가 내 무의식 깊은 곳에 있던 욕망을 표면으로 끌어올리는 통로가 된다. 그렇게 꺼내놓은 목록은 비록 지금은 허무맹랑하게 보일지 몰라도, 훗날의 나에게 큰 방향이 되어줄지도 모른다. 그러니 너무 부담 갖지 말고, 조금은 장난스럽게, 하지만 진심을 담아 끝까지 써보자.

3단계 :
정리 및 설계하기

지난 단계에서는 하고 싶은 일을 100개까지 써보는 작업을 진행했다. 관심 영역을 설정하고, 영역별로 3년 안에 이루고 싶은 목표를 정리한 뒤, 1년 동안 하고 싶은 일을 리스트 형태로 만들어 보았다. 숫자를 넣고, 캘린더에 날짜를 박제하며 하고 싶은 일들을 점점 더 구체화해 갔다. 처음에는 막연했던 바람들이 꼬리를 물고 이어졌고, 쓰면 쓸수록 욕망은 다양해지고, 또렷해졌다.

하지만 그 과정은 '할 수 있을까?'를 고민하지 않은 상태에서 이루어진 발산의 시간이었다. 실현 가능성은 잠시 접어두고, 하고 싶은 마음이 있다면 일단 써보는 것, 그것이 핵심이었다. 그 안에는 사소하지만 소중한 일상도 있었고, 나를 둘러싼 관계, 그리고 나에게 해줄 수 있는 선물들도 함께 담겨 있었다. 다양한 관점으로 나를 꼼꼼히 바라보며 내가 진짜 원하는 것들이 무엇인지 탐색하는 과정이었다.

이제는 그 생각들을 정리할 시간이다. 지금까지 자유롭게 발산했던 것을 하나하나 주워 담아야 할 때다. 정리의 과정을 통해 내가 진짜 원하는 것이 무엇인지 다시 확인해 보려 한다. 그리고 그 정리는 곧, 앞으로 어떻게 살아갈 것인가라는 설계로 이어진다.

그래서 내가 꺼낸 생각들을 엮어 나의 진짜 마음을 구성해 볼 계획이다. 하지만 이 과정에서도 역시 부담을 느끼지 않았으면 좋겠다. 우리의 마음은 언제든 업데이트가 가능하다. 지금 이 시점의 생각이 영원히 지속되어야 하는 건 아니다. 중요한 것은 '지금 나는 이렇게 생각한다'는 것을 스스로 확인해 보는 일이다.

정리는 마음의 중심을 잡는 일

하고 싶은 일을 100개까지 쓰는 과정은 마음속에 있던 것들을 한꺼번에 휘저어 놓는 일과도 같다. 마치 고요했던 물에 손을 집어넣어 크게 휘젓는 것처럼 말이다. 그 순간엔 흙과 물이 섞여 탁해진다. 바닥에 가라앉아 있던 감정들과 무심코 덮어 두었던 욕망들이 함께 떠오른다. 한참 동안은 무엇이 중요한지, 어디로 가야 할지 잘 보이지 않는다. 오히려 마음이 복잡해질 수도 있다.

그런데 가만히 두면, 시간이 흐르며 흙은 다시 천천히 바닥으로 가라앉고, 맑은 물 위로는 투명한 빛이 올라온다. 정리는 그 시간을 허락하는 일이다. 소용돌이 속에서 떠올랐던 것에서 어떤 것은 진심이었고, 어떤 것은 스쳐 지나가는 바람이었음을 조금씩 구별해 나가는 시간을 갖는 것이 바로 정리의 과정이다.

정리는 목록을 줄이기 위한 작업이 아니다. 흩어진 마음을 바라보고, 그 안에서 중심을 찾는 일이다. 어떤 욕망이 더 오래 남아 있는지, 무엇에 마음이 더 반응하는지를 다시 확인하는 것이다. 그리고 그 과정 끝에서 나는 어떤 삶을 살고 싶은지, 지금 어디에 마음을 두고 있는지를 조금 더 또렷하게 알게 된다.

요컨대 정리는 내가 썼던 것을 다시 바라보면서 삶의 방향을 다시 조율하는 일이다. 흙탕물 속에서도 다시 투명함을 되찾 듯, 그 시간 속에서 우리는 조금 더 나다운 중심으로 돌아오게 된다.

정리의 과정에서 중요한 점이 세 가지가 있다. 우선, 정리는 무언가를 하기 전에 잠시 멈추는 일에서 시작된다. 앞으로 나아가기 위해서는 때때로 멈춰 서야 한다. 100개의 하고 싶은 일을 쓰면서 우리는 많은 것들을 쏟아냈다. 그 상태에서 곧바로 정리로 넘어가면 감정이 고양된 채 놓치는 것들이 생길 수 있다. 한 걸음 물러서서 그 목록을 다시 바라보아야 한다. 이미 꺼내놓은 생각들을 조용히 들여다보는 시간, 이 '잠시 멈춤'은 마음속 깊은 곳에 있는 진심과 마주하기 위한 준비다.

또한, 정리란 고정된 결론을 도출하는 작업이 아니라는 점도 기억해 두었으면 한다. 우리는 흔히 정리를 하면 뚜렷한 방향이 나와야 한다고 생각한다. 마치 '이제부터는 이렇게 살아야겠다'는 식의 해답을 얻어야 할 것처럼 느껴지기도 한다. 하지만 삶은 그렇게 단순하게 고정되지 않는다. 정리는 어디까지나 지금 내가 어디에 마음이 쓰이는지, 앞으로 1년 동안 내가 무엇을 바라보고 싶은지를 생각해 보는 작업이다.

인생 전체, 혹은 먼 미래까지 끌고 가지 않아도 좋다. 1년 후에 다시 목록을 꺼내본다면 전혀 다른 것들이 중심에 떠오를 수도 있다. 우리의 마음은 수시로 바뀌니까. 그래서 정리는 완성이 아니라 갱신이며, 나를 고정하는 일이 아니라 나를 계속 이해하려는 과정이다. 결말이 아니라 현재진행형이자 흐름 속에 있는 나를 바라보는 시간이다.

마지막으로, 정리가 중심을 잡는 일이라고 해서 일부러 균형을 맞출 필요는 없다. 정리하다 보면 자꾸만 모든 영역을 고르게 챙기려는 마음이 든다. 관계도 챙기고, 건강도 챙기고, 일도 공부도 조금씩 나눠야 할 것처럼 느껴진다. 하지만 삶은 그렇게 완벽하게 분배되지 않는다. 많은 것들이 보이지만, 그중에서도 유독 튀어나오는 것들이 있다. 그것을 찾아내는 것이 정리다. 지금 이 순간에 내가 가장 집중하고 싶은 것이 무엇인지 고르는 일이다. 그 마음 하나에 조금 더 무게를 두어도 괜찮다.

중심을 잡는다는 것도 결국 지금의 나에게 집중하는 일이다. 지금 내 마음이 머무는 곳이 있다면, 그것이 바로 '지금 나의 중심'이다.

정리에 있어서 정해진 방법은 없다. 잠시 멈춰서 내가 썼던 것들을 찬찬히 바라보는 것, 그 자체도 충분히 정리가 될 수 있다. 그 속에서 유독 눈에 띄는 단어나 자주 등장하는 키워드를 찾아보는 것도 하나의 방법이다. 그런 키워드들을 중심으로 나의 1년 목표를 한 문장으로 정리해 보는 것도 정리이고, 꼭 하고 싶은 일을 골라서 우선순위를 매겨보는 것 역시 정리라 할 수 있다.

정리의 방식은 다양하다. 각자의 성향에 따라, 또 그날의 컨디션에 따라 선택하면 된다. 생각이 많아 쓰다 보면 방향이 자꾸 흐트러지는 사람이라면, 시각적으로 정리를 도와주는 도구가 도움이 될 수 있다. 그 대표적인 방법이 바로 마인드맵 그리기다.

참고로, 이번에 소개할 마인드맵 그리기는 3년 전 한 지인이 평소에 사용하던 방식을 '하고 싶은 일 정리'에 맞게 변형해 본 것에서 출발했다. 기존의 마인드맵이 단순히 생각을 정리하고 구조화하는 도구였다면, 이번 과정은 단순한 목록 정리를 넘어서 그 안에서 나의 방향성을 발견하는 데까지 확장된다고 할 수 있다.

마인드맵으로 정리하기

1단계 : 비슷한 것끼리 묶어보고, 이름 붙이기

우선 써놓은 목록 중에서 비슷한 성격의 욕망들을 묶어보자. 정해진 기준은 없다. 커리어, 자기 계발, 재테크, 여행, 운동처럼 관심사별로 묶어도 좋고, 실천하기 쉬운 일, 계속 하고 싶은 습관, 새로운 도전처럼 나만의 기준을 만들어도 괜찮다.

아마도 처음에 작성했던 관심 영역(5개)을 기준으로 분류하는 경우가 많을 것이다. 하지만 굳이 그 기준을 고수할 필요는 없다. 하고 싶은 일을 쓰는 과정에서, 또는 목록을 다시 들여다보면서, 처음에 생각했던 관심 영역과 실제 마음이 달라져 있는 경우도 많다. 그것은 변심이 아니다. 마음을 들여다보는 과정에서 자연스럽게 나오는 발견이다. 그러니 쓰면서 느껴지는 변화들을 편안하게 받아들이면 된다.

분류하다 보면 어떤 분야에 하고 싶은 일이 유독 몰려 있는지, 어떤 영역은 의외로 비어 있는지를 확인할 수 있다. 이 단계는 마인드맵을 그리기 위한 사전 정리이자, 나의 우선순위와 생각을 객관적으로 바라보는 시간이다.

2단계 : 종이에 나눠 쓰기 (3단계 구조로)

종이를 한 장 준비해 세로로 3등분하자. 가장 오른쪽 칸에 앞서 분류한 목록을 3단계 층위 구조로 정리해 본다. 예를 들어 아래와 같은 방식이다

이처럼 대분류 → 중분류 → 세부 항목 형태로 정리해 보면 생각이 더 구조화되고, '내가 어떤 삶에 가장 집중하고 싶어 하는지'도 자연스럽게 보이기 시작한다. 여기서 한 가지 기억할 점은 꼭 100개를 전부 다 옮길 필요는 없다는 것이다. 머릿속에 떠오르는 것 중심으로 정리해도 충분하다. 가장 손이 먼저 가는 항목들, 가장 마음이 가는 단어들이 지금 나에게 중요한 것일 확률이 높다. 억지로 채우기보다, 떠오르는 것 위주로 간결하게 정리해 보는 것이 진짜 중심을 찾는 데 더 도움이 될 수 있다.

3단계 : 나열하면서 떠오른 생각 정리하기

오른쪽을 채워나가다 보면 문득 드는 생각이 있다. 나는 왜 여행 관련 항목이 이렇게 많지?, 가족 관련 항목은 왜 이렇게 없지? 그런 생각이 들었다면, 3등분한 종이의 가장 왼쪽 위 칸에 자유롭게 적어본다. 이것은 단순한 감상이 아니라 지금 내가 무엇을 바라고 있는지를 보여주는 감정의 힌트다.

생각이 꼬리를 물고 이어진다면 그대로 마인드맵처럼 이어서 그려보자. 왜 내가 이걸 하고 싶었는지, 그게 어떤 의미인지 되물으면서 선을 그어보면, 표면적 목표 너머의 더 깊은 욕망을 발견할 수 있다.

예시에서 보듯이 나열하면서 떠오르는 생각들을 그냥 편하게 꼬리에 꼬리를 물고 연상해 보는 작업이다. 점점 나의 진짜 생각들을 찾아가는 보물찾기의 시간이라 할 수 있다. 하나씩 쓰고 그것에 '왜'를 붙여보면서 정리하면 자연스럽게 생각이 연결된다. 그것을 그냥 편안하게 써보자.

4단계 : 방향성을 요약하는 키워드 정리

왼쪽 윗부분에는 리스트를 나열하면서 정리했던 생각들을 담았다면, 이제는 왼쪽 아래 칸을 채울 차례다. 지금까지의 흐름을 바탕으로, 올해 내가 가장 중요하게 여기는 방향성을 세 개의 키워드로 정리해 보는 단계다. 키워드는 마인드맵의 마지막 줄기이자, 지금 내 마음의 중심을 가장 간결하게 드러내는 말이다.

키워드가 곧장 나오지 않는다면 이렇게 생각해 보면 좋다. 반복되는 말, 자주 쓰는 단어 등을 떠올려 보자. 리스트를 정리하는 과정과 생각을 나열하는 과정에서 자주 등장했던 단어가 있다면 그것이 하나의 단서가 될 수 있다.

또한 즉흥적으로 떠오르는 말을 붙잡는 것도 좋다. 생각 정리 과정에서 툭 튀어나온 단어들이 있을 수 있다. 그게 내가 도달한 감정이나 상태일 수 있어서 이를 그대로 반영해도 괜찮다.

마지막으로, 정리하는 과정에서 도출된 '붙들고 싶은 태도'를 중심으로 키워드를 만들어도 된다. '나는 올해 어떤 마음으로 살고 싶은가?'라는 질문을 다시 한번 던져보자. 그 질문 안에서 자연스럽게 키워드가 나올 수도 있다.

물론 꼭 이 방식대로 할 필요는 없다. 방법보다 중요한 것은 지금 내 안에 가장 오래 머무는 감정과 자꾸만 떠오르는 말을 놓치지 않는 것이다. 지금 떠오른 그 하나의 단어가 바로 키워드가 된다.

하지만 단어만 나열하고 끝나지 않았으면 한다. 앞서 감정을 자유롭게 따라갔던 것처럼 이 키워드도 마인드맵처럼 선을 이어가며 생각을 확장해 보자. 왜 이 단어가 떠올랐는지, 지금 나에게 어떤 의미인지, 그 단어에 담긴 감정을 말로 붙여보는 것이다.

예를 들어 회복이라는 키워드가 떠올랐다면, 일상에서 무리하지 않고 나를 돌보는 감각, 잃어버린 루틴을 다시 회복하고 싶은 마음처럼 가지를 뻗어볼 수 있다. 도전이라면, 망설였던 것에 한번 부딪혀 보고 싶거나 새로운 나를 만나기 위한 시도로 이어질 수 있다.

나 역시 최근 마인드맵을 그리며 키워드를 정리해 본 적이 있다. 내 키워드는 '안정적 우상향', '평화로운 시간과 치열한 일상', 그리고 '나와 주변에 행복을 전하는 사람'이었다. 하나의 단어가 아니었고, 다소 추상적이었지만, 마인드맵을 따라가며 생각을 정리하다 보니 그 속에서 도출된 결과였다. 너무 빠르게 올라가기보다는 천천히 올라가고 싶은 마음, 그 속에서 마음의 평화를 즐기며 꾸준한 노력을 놓지 않고 싶다는 다짐, 그리고 궁극적으로는 행복을 전하는 사람이 되고 싶다는 마음이다. 그 모든 것이 내 리스트에 담겨 있었고, 내가 진짜로 원하는 삶의 방향이라는 것을 알게 되었다.

이렇듯 키워드는 내가 어떻게 살고 싶은가에 대한 정리라 할 수 있다. 물론 꼭 거창할 필요는 없다. 돈, 승진과 같은 실질적인 목표가 키워드가 될 수도 있다. 앞에서도 말했지만, 지금 내 마음이 어디로 향하고 있는지에는 정답이 없다. 그저 그것을 꺼내서 스스로 확인해 보는 것이다. 그것만으로도 충분하다.

5단계 : 제목 붙이기와 이미지 상징화

이렇게 정리하면, 3등분한 종이의 왼쪽과 오른쪽이 채워졌을 것이다. 이제 마지막으로, 휑하니 비어 있는 가운데 칸을 채울 차례다. 이곳은 지금까지 정리한 내용을 하나의 제목으로 만들어 보고 그것을 이미지로 만들어 보는 공간이다.

우선, 지금까지의 과정을 대표할 수 있는 제목을 써보자. 조금 길어도 괜찮다. '균형 잡힌 성장의 한 해', '나를 알아가는 경험의 시간'처럼 스스로에게 의미 있는 문장이라면 충분하다. 제목은 내가 어떤 방향으로 한 해를 살아가고 싶은지를 자신에게 조용히 선언하는 말이기도 하다.

'1년 동안 나는 ○○○을 원한다'는 문장을 만들어 보는 것도 추천한다. 그 문장의 ○○○이 자연스럽게 올해의 제목이 될 수 있다. 또는 생각의 흐름을 따라가다 불쑥 떠오르는 단어를 붙잡는 것도 괜찮다.

예를 들어, 앞에서 '안정적 우상향', '평화로운 시간과 치열한 일상', '나와 주변에 행복을 전하는 사람'이라는 키워드를 뽑았던 나는 마지막에 문득 '자기 신뢰'라는 말이 떠올랐다. 불안함과 더 잘하고 싶은 마음의 충돌 속에서 나는 스스로를 잘 믿지 못하고 있다는 걸 깨달았다. 결국 내가 원하는 삶의 기반은 나를 믿는 마음, 즉 자기 신뢰라는 것을 알게 되었다.

이처럼 생각을 따라가다 보면 지금 내가 원하는 삶의 방향이 한 문장으로 자연스럽게 수렴될 수 있다. 지겹게 들릴 수도 있겠지만 여기에도 정답은 없다. 그저 내 안의 중심을 조용히 바라보는 시간이면 된다.

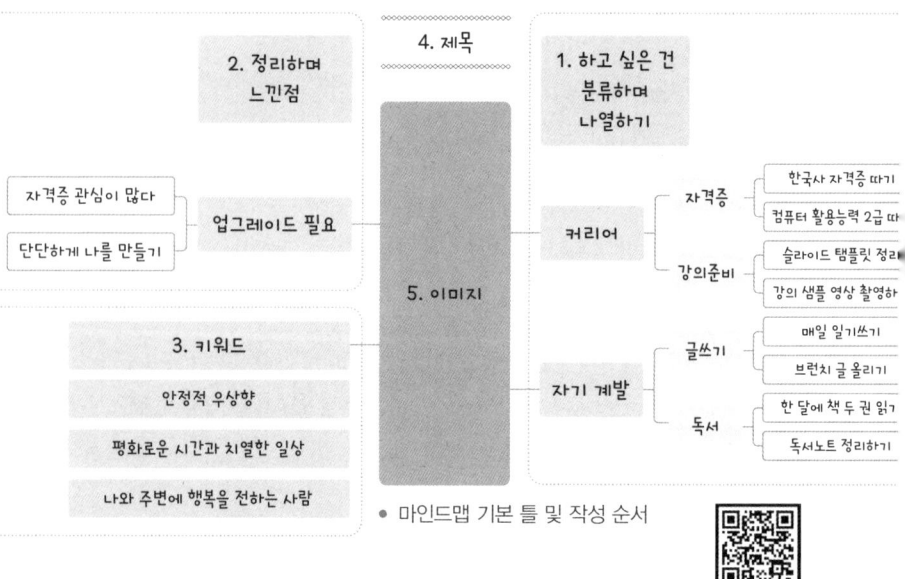

● 마인드맵 기본 틀 및 작성 순서

마인드맵 예시

제목을 정했다면, 이제 그것을 시각적으로 표현해 보자. 그림을 잘 그릴 필요는 없다. 제목을 검색해서 관련 이미지를 참고해도 좋고, 생각나는 이미지를 마음 가는 대로 그려도 괜찮다. 그림을 그리다 보면, 말로는 표현하지 못했던 내 안의 감정이 슬며시 드러나는 순간도 생긴다. 누구에게 보여줄 것도 아니니, 지금의 내 마음을 담는다는 생각으로 가볍게 그려보면 된다.

중요한 것은 해봐야 보인다는 점이다. 잘하려 하기보다는 편안하게 실행에 옮겼으면 좋겠다. 100개의 하고 싶은 일을 쓰는 것이 마음껏 펼쳐보는 발산의 과정이었다면, 마인드맵으로 정리하는 것은 그 조각들을 차분히 주워 담는 수렴의 과정이라 할 수 있다. 이 과정을 통해 우리는 단순히 목록을 정리한 것이 아니라, 자신의 진짜 욕망과 삶의 방향을 직면할 수 있는 통찰을 얻게 된다.

표면적으로는 승진하기, 글쓰기, 운동 같은 활동처럼 보이던 것들도 그 안을 깊이 들여다보면 성장하고 싶은 마음, 내 이야기를 나누고 싶은 욕구, 스스로를 지키고 싶은 다짐 같은 본질적인 동기가 숨어 있음을 알게 된다. 이처럼 서로 다른 목표들을 정리하고 연결하는 과정은 단순한 계획을 넘어서 나를 움직이게 만드는 진짜 에너지의 흐름을 발견하는 일이다. 그것이야말로 내 삶의 중심이 어디에 있는지를 확인하는 과정이다.

때로는 전혀 관련 없어 보이던 목표들이 하나의 공통된 가치나 감정에서 비롯됐음을 깨닫게 되고, 그 연결점은 나만의 실행 계획에 더욱 강력한 추진력을 만들어 준다. 이제는 그 통찰 속에서 쌓은 추진력을 바탕으로 로켓을 발사해 보자. 실제 삶 속에서 무엇을 해볼 것인가를 설계할 차례다. 마음을 정리했다면, 이제는 그 마음을 움직이는 방향으로 옮겨보자.

🔵 실행 설계하기

100개의 하고 싶은 일을 쓰고, 마인드맵으로 정리했다면 이제는 적어놓은 목록을 실제 실행으로 옮길 준비를 할 차례다. 무엇을 먼저 할지, 어떻게 실행해 나갈지를 구체화하는 일이 바로 '설계'다.

여기서 꼭 기억해 두었으면 하는 것이 있다. 모든 걸 다 할 필요는 없다는 사실. 애초에 하고 싶은 일을 100개까지 쓰는 이유는 그중에서 내 마음이 진짜 반응하는 것을 찾아내기 위해서였다. 실현 가능성은 접어두고 마음껏 쓰라고 했는데, 이제 와서 전부 다 하라고 하는 건 말도 안 되는 일이다.

같은 맥락에서 '최대한 많이 해야 한다'는 부담도 내려놓자. 몇 개를 했다고 해서 1년을 잘 살았다고 평가받는 것도 아니다. 반대로 몇 개 못 했다고 못 산 삶이 되는 것도 아니다. 그러니 해야 한다는 압박을 잠시 내려놓자. 오히려 편안하게 생각하는 걸 추천한다. 그래야 본연의 하고 싶은 일이 마음속에서 다시 열정으로 피어오를 수 있다.

아이가 하고 싶은 대로 하게 내버려 두는 게 단순한 방치가 아니라 방목인 것처럼, 우리 또한 하고 싶은 것들을 방치하는 하지 말고 방목하자. 억지 계획 속에 끼워 맞추는 게 아니라, 마음이 스스로 반응하는 방향으로 움직이도록 공간을 열어주는 것이다.

그 방법은 어렵지 않다. 내가 가장 하고 싶은 것, 지금 당장 손이 가는 것, 더는 미루면 안 되는 것처럼 느껴지는 것 등 몇 가지를 정하고, 그것들을 어떻게 내 삶 안에서 실현할지를 설계해보는 것이다. 그것만으로 충분하다.

여기서 나는 『결국엔, 자기 발견』에서 소개했던 3-3-3 방식을 다시 활용해 보려 한다. 하지만 이번에는 그때보다 더 '실행'에 초점을 맞춘 업그레이드 버전이다. 하고 싶은 일들 중에서 다음 세 가지 기준에 따라 각각 세 개씩, 총 아홉 개의 실행 항목을 골라볼 것이다. 물론 항목별로 중복돼도 괜찮다.

그러나 각각의 세 가지는 역할도 다르고, 설계의 방식도 다르다. 이 세 가지씩, 세 개의 묶음만 기억해도 1년을 훨씬 편안하게 보낼 수 있을 것이다. 아홉 개 모두를 다 하지 않아도 괜찮다. 중요한 것은 그 안에서 무엇에 먼저 손이 가고, 무엇을 놓아도 되는지를 알아보는 과정이다. 그것만으로도 이 1년은 충분히 의미 있게 채워질 수 있다.

1) 꼭 하고 싶은 일 세 가지 정하기

처음으로, 꼭 하고 싶은 일 세 가지를 골라보자. 1년 동안 다른 것은 못하더라도 이 세 가지만큼은 꼭 해보고 싶다는 것들을 추려보는 일이다. 가장 마음이 끌리는 것, 나에게 가장 중요한 것을 중심에 두어야 한다. 일종의 목표다. 물론 1년이 지나고 마음이 바뀔 수도 있다. 하지만 그것까지 미리 생각할 필요는 없다. '가장 간절한 마음'이 머무는 곳을 찾아보자. 단순히 무엇을 하고 싶은가를 넘어서 어떻게 살아가고 싶은가를 나 자신에게 조용히 물어보면 좋겠다.

그렇지만 이 세 가지를 고르는 데서 끝나는 것은 아니다. 꼭 해내야지라는 다짐만으로는 부족하다. 정말 하고 싶은 일을 골랐다면, 그 일을 실제로 해내기 위해 어떤 준비가 필요한지를 한 번쯤은 생각해 보아야 한다. 그래서 이 단계를 '계획의 영역'이라 부르고 싶다. 단순한 열망만의 문제가 아니라, 하고 싶은 일을 현실에서 어떻게 다뤄볼지를 나만의 방식으로 구체화해 보는 작업이다.

계획을 세운다는 것은 단순히 일정표를 만드는 일은 아니다. 목표를 이루기 위해 내가 할 수 있는 일들, 필요한 단계들을 5개에서 7개 정도 자유롭게 나열해 보는 것이다. 이것을 과정을 설계하는 일이라고 설명하고 싶다.

예를 들어 '이직을 하고 싶다'라는 목표가 있다면, 이력서를 업데이트하고, 관심 있는 기업을 정리하고, 자격증이나 토익 점수를 준비하거나, 취업 컨설팅을 받아보는 일들이 실행 항목이 될 수 있다. 이렇게 적어보면 막연하게만 느껴졌던 '이직'이라는 목표가 내가 손댈 수 있는 현실의 일로 가까워진다. 단지 '하고 싶다'라는 마음이 아니라, '할 수 있을 것 같다'라는 감각이 생기기 시작한다.

이때 나열하는 항목은 이미 100개의 하고 싶은 일을 쓸 때 등장했던 것일 수도 있다. 이미 '꼬리에 꼬리를 무는' 방식으로 하나의 바람을 더 구체적으로 펼쳐본 적이 있다. 그때 적었던 내용을 그대로 가져와도 좋고, 지금 떠오르는 것을 새롭게 추가해도 괜찮다. 세부 계획을 세우는 방법을 다음 페이지의 예시를 참조하자.

이렇게 구체적으로 나열해 보면, 단순히 '하고 싶다'라고만 생각했던 일이 실제로 해볼 수 있을 것 같은 무게를 갖기 시작한다. 막연했던 바람이 '내가 지금 당장 할 수 있는 한 걸음'으로 바뀌는 순간이다.

그리고 이 과정에서 더 중요한 것은, 계획을 모두 실행하지 않아도 괜찮다는 사실이다. 계획대로 하지 않아도, 어쩌면 우리는 여전히 그 목표를 향해 가고 있을지도 모른다. 인생이 계획대로만 흘러가는 것은 아니니까. 그런 의미에서 리스트는 단순한

계획 세우기 예시

	하고 싶은 일 → '이직하고 싶다'	
☐		이력서 업데이트
☐		관심 기업 리스트 정리
☐		자격증/토익 점수 준비
☐	세부 계획 (5~7개 항목)	커리어 컨설팅 신청
☐		포트폴리오 정리
☐		주변 지인에게 추천 요청
☐		이직 플랫폼 가입 및 지원 일정 정리
☐	하고 싶은 일 → '에세이 출간하기'	
☐		주제 정리하기
☐		관련 에세이 10권 읽기
☐		기존 글 모아보기
☐		글쓰기 루틴 만들기
☐	세부 계획 (5~7개 항목)	브런치나 블로그에 시리즈로 올리기
☐		주변 피드백 받아보기
☐		출간 관련 강의 듣기
☐		출판사 리스트업 및 투고해 보기

실행 계획이 아니라, 그 일이 나에게 어떤 의미인지, 어떤 단계를 통해 다가올 수 있을지를 확인해보는 지도라고 보면 좋겠다.

세부 계획을 꼭 정해진 숫자만큼 채울 필요는 없다. 어떤 것들은 서너 가지 항목이면 충분할 수 있고, 어떤 것들은 더 다양하게 계획을 세울 수도 있다. 그것 또한 자유롭게 정리하면 좋겠다. 목표의 성격이나 나의 현재 상태에 따라 달라질 수 있으니 정해진 틀에 맞추기 보다는 편안하게 작성해 보자.

2) 가장 하기 쉬운 일 세 가지 정하기

이번에는, 가장 쉽게 할 수 있는 세 가지를 골라보는 작업이다. 하고 싶은 일을 잔뜩 써보고, 마인드맵까지 정리했다면 마음속 어딘가에서는 '이제 뭐라도 해보고 싶다'라는 감정이 생겼을 것이다. 그렇다면 지금이 바로 그 마음이 행동으로 이어질 수 있는 순간이다.

이 단계는 거창한 실천을 요구하지 않는다. 지금 당장 내가 손 뻗을 수 있는 가벼운 일이면 된다. 그중에 마음이 끌리는 것이라면 더욱 좋다. 단순히 쉬워 보이는 것을 찾는 것을 넘어서 쉬우면서도 마음이 반응하는 작은 일을 찾아보는 것이다.

이 작업을 통해 쉬운 일을 고르는 데 그치지만 말고 실제로 해보는 것까지 이어지길 바란다. 마음이 끌리는 일, 세 가지를 정했다면 그중 하나라도 먼저 해보는 것이다. 이것이야말로 '뭔가를 해보고 싶다'라는 감정을 진짜 움직이는 힘으로 바꾸는 전환점이다.

그래서 이 세 가지를 '실천의 영역'이라 부르고 싶다. 그렇게 이름을 붙이면, 작게라도 실제 행동으로 이어질 가능성이 높아지기 때문이다. 꼭 해야 한다는 압박이 아니라, 그 경험을 직접 해보는 기회로 만들고 싶다는 마음에서다.

가장 가볍게 움직일 수 있는 곳에서 하나라도 직접 행동으로 옮겨보는 것이다. 그 경험이 주는 에너지는 생각보다 훨씬 크다. 작게 시작한 일이 예상치 못한 기쁨을 주거나, 꾸준한 루틴으로 확장되거나, 혹은 그저, '그래도 나는 나를 움직일 수 있는 사람이구나'라는 자기 신뢰의 불씨 하나를 남겨줄 수 있다. 계획을 세우는 것도 중요하고, 큰 목표를 향해 방향을 잡는 것도 중요하지만, '해봤다'라는 경험만큼 우리를 강하게 해주는 것은 없다.

비슷한 경험을 한 적이 있다. 유튜브 동영상을 보고, '아침에 이불 개기'를 해보면 좋겠다고 생각했다. 하고 싶은 일 목록에 넣어보고 당장 실천으로 옮겼다. 이불만 잘 개도 인생을 바꿀 수 있다는 말에 혹했던 것 같다. 처음에는 잠을 깨는 것도 벅찬데 이불까지 개려니 힘이 들었다. 하지만 막상 해보니 30초도 안 걸리는 생각보다 별것 아닌 일이었다.

게다가 꾸준히 개다 보니 단정히 개는 동작 하나가 마음을 정리하는 일처럼 느껴졌다. 하루를 '잘' 시작한 것 같았고,

조금 더 나를 신경 쓰게 되는 기분도 느꼈다. 그렇게 몇 번 반복하다 보니, 이불 개기가 하나의 루틴이 되고, 아침뿐만 아니라 퇴근 후 집에 돌아와 깔끔한 침대를 마주하는 일상까지 조금씩 달라지기 시작했다. 아침에 작게나마 내 손으로 무언가를 정돈했다는 감각이, 하루 전체를 단정하게 끌고 가는 힘이 되어주었다.

눈앞에 있는 목록을 다시 한번 천천히 들여다보자. 그중에서 '지금 이 순간의 나'에게 말을 거는 항목이 있을지도 모른다. 생각만 해도 마음이 가볍고, 살짝 설레는 그 일 세 가지를 골라보자. 그중 하나라도 해본다면, 그 작은 실천이 나를 바꾸는 첫 번째 발걸음이 되어줄지도 모른다.

3) 꼭 해야만 하는 세 가지

앞에서 우리는 꼭 하고 싶은 일을 정하고, 가장 쉽게 실천할 수 있는 일을 골라보았다. 모두 '하고 싶은 마음'에서 출발한 선택이었다. 하지만 이번에는 조금 결이 다르다. 이번에 다룰 영역은 '하고 싶은 일'이 아니라, 중요하다는 것을 알면서도 계속 미뤄온 일에 관한 이야기다. 어쩌면 불편한 것들을 조용히 꺼내보는 작업일 수도 있다.

불편하지만 중요한, 꼭 해야만 하는 일 세 가지를 골라보자. 여기서 말하는 '해야만 하는 일'은 단순히 To-do 리스트를 적는 일과는 다르다. 이 세 가지는 지금 내 삶에 꼭 필요하지만, 급하지 않다는 이유로 계속 뒤로 미뤄온 일들이다. 의지력이 부족해서가 아니라, 감정이 얽혀 있기에 쉽게 손댈 수 없었던 일들이기도 하다.

조금 더 정확히 말하자면, 이것은 다음과 같은 일들을 말한다.

꼭 해야만 하는 일

☐	중요한 줄은 아는데, 시급하지 않아서 계속 미뤄둔 일
☐	필요하지만 떠오를 때마다 마음이 무거워지는 일
☐	그동안 외면해 왔던 나를 회복시키기 위한 자기돌봄의 요소

건강검진을 받아야 하는 걸 알지만 자꾸 미뤄두는 일, 오랫동안 연락하지 못한 사람에게 전화하고 싶은 마음, 아이들 성장앨범을 정리해서 인화하려고 했지만 손대지 못했던 일 등이 해야만 하는 일의 예시라 할 수 있다.

이런 일들은 매번 생각해 오던 일이다. 하지만 급하지 않다는 이유로 매번 우선순위에서 밀려나고, 그사이 조용한 압박처럼 마음 어딘가에 쌓여간다. 이번에는 그중 세 가지만이라도 정해보

자. 그리고 이번만큼은 꼭 해보자고 스스로에게 다짐해 보자.

이 세 가지에는 마감 기한을 정해보는 것이 좋다. 그래서 나는 이 영역을 '마감의 영역'이라 부르고 싶다. 꼭 해야 한다는 압박보다는, 마침표를 찍어보는 연습이라는 의미로 받아들였으면 한다. 문장에 마침표가 있어야 끝이 나듯, 삶에도 때로는 마감이 있어야 매듭을 짓고 나아갈 수 있다.

계속 미뤄둔 일이 있다면, 이번에는 '언제까지는 해보자'는 마음으로 날짜를 그어보자. 글을 쓰는 사람에게 마감이 있어야 글이 완성되듯, 우리 삶도 마감이 있어야 한 단계 도약할 수 있다.

앞에서 이미 날짜를 정해둔 일들이 있다면 그대로 활용해도 좋다. 다만, 정리하는 과정에서 마감 기한을 정하지 못한 일이 있다면 지금이라도 '내가 나에게 약속하는 날'을 캘린더에 새겨보자. 마감은 단지 의무를 위한 도구만은 아니다. 스스로를 돌보는 실천이기도 하다. 후련해질 걸 알면서도 차마 손대지 못했던 일들, 이제는 그 일들과 조용히 마주앉아 하나씩 끝맺어 보자.

마감의 영역에 해당하는 일 세 가지를 고르는 일이 쉽지만은 않을 것이다. 피하고 싶은 일이기에 직면하기 어렵고, 마음의 끌림이 곧장 나타나지 않아 수면 위로 잘 떠오르지 않을 수도 있다.

이럴 땐 스스로에게 몇 가지 질문을 던져보자.

이 질문들에 천천히 답하다 보면, 어느 순간 지금의 나에게 정말 필요한 세 가지가 자연스럽게 드러날 것이다.

나에게 그 일이 바로, 지금 쓰고 있는 책을 완성하는 일이었다. 출판사와 계약한 후 2년 가까이 미뤄왔던 일이다. 잘 쓰고 싶은 마음은 있었지만, 생각을 정리하다 보니 시간만 흘러갔다. 그러다 결심했다. 3월까지는 초고를 완성하자고. 하고 싶은 일 목록에 그것을 써넣고, 마감일도 정했다. 물론 3월 안에는 완성하지 못했다. 하지만 그 마감이 있었기에 5월에는 정말 집중해서 마무리를 지을 수 있었다. (지금 이 원고를 쓰고 있는 것도, 그 마감 덕분이다. 제발 완성되기를 바라며….)

마감은 나를 억누르는 것이 아니다. 오히려, 나를 움직이게 만드는 힘이다. 그 약속 하나가 내 안의 '미룬이'를 밀어내기 시작했고, 결국 내가 꼭 해내야 하는 일을 현실로 옮길 수 있었다.

마감을 압박으로 느끼기보다는 건전한 자극으로 받아들였으면 좋겠다. 그렇지 않으면 우리는 급한 일만 처리하느라 정작 중요한 일, 나를 살리는 일은 계속 미루게 된다. 백번 양보해서 중요한 일 중에 모든 것을 다 챙기지 않아도 된다. 하지만 '나 자신'을 놓치지는 않았으면 좋겠다. 그것은 나에게 성실하지 못한 자세일 뿐이다. 분명 어디선가 탈이 날 것이다.

'꼭 해야만 하는 일' 세 가지를 정리해 보자. 다시 한번 강조하지만, 그것은 단순한 의무 복록이 아니다. 지금의 나를 위한 정리이자, 회복의 시작이다. 그리고 그 일들에 당신만의 마감을 하나씩 붙여보자. 비록 나처럼 마감을 딱 맞추지 못하더라도, 그 마감이 당신을 조금이라도 움직이게 만들 것이다. 그거면 충분하다.

이렇게 우리는 꼭 하고 싶은 일 세 가지를 골라 구체적인 계획을 세우고, 가장 쉽게 실천할 수 있는 일 세 가지를 추려 실행의 준비를 마쳤다. 그리고 마지막으로, 지금까지 미뤄왔지만 반드시 마주해야 할 세 가지를 정하고, 그 일들에 마감이라는 구조를 더해보았다. 총 아홉 개의 항목이 정리되었고, 나는 이것을 '3-3-3 설계'라 부른다.

이 모든 걸 반드시 다 해낼 필요는 없다. 하지만 이렇게 정리해 보면, 지금 내 삶에서 어떤 것이 더 중요하고, 어떤 방향으로 나아가고 싶은지를 스스로 분명히 알 수 있다. 어쩌면 그것이야말로, 내가 내 삶의 중심을 어디에 둘 것인지 정하는 가장 단순하고 명확한 방법일지도 모른다.

　이제는 이 설계를 삶 안으로 데려갈 차례다. 다음 단계에서는 머릿속 계획으로만 남아 있던 이 일들을 '살아보는 것'으로 바꾸는 과정을 함께 해보려 한다. 어떻게 실천을 시작하고, 어떤 감정을 관찰하며, 중간에 흔들릴 때는 어떻게 다시 나를 다잡을 수 있을까?란 물음의 대답을 이제부터 천천히, 그러나 확실하게 풀어 나가보자.

4단계 :
실행하기

지금까지 우리는 나를 더 잘 이해하기 위해, 그리고 나에게 좀 더 성실한 삶을 살기 위해 다양한 활동들을 수행해 왔다. 하지만 발을 담그기 전엔 물의 깊이를 알 수 없다. 아무리 머릿속으로 정리해 보아도, 실제로 해보지 않으면 알 수 없는 것들이 있다. 내가 정말 좋아하는 일인지, 진심으로 원하는 방향인지, 그것은 행동으로 옮겨봐야 비로소 드러난다. 결국 중요한 건, 뭐라도 해보는 것이다.

잘하려고 하지 말고 그냥 살아보기

혹자는 여기에서 계산을 시작할지도 모른다. 어떻게 하면 더 많이 실천할 수 있을까? 어떻게 하면 잘해낼 수 있을까? 그렇게 생각하는 순간, 100개의 하고 싶은 일은 설레는 목록이 아니라 부담스러운 과제가 되어버릴 수 있다. 악착같이, 어떻게든 많이 실천하려는 태도는 우리를 다시 예전의 '보여주기 위한 성실함'으로 되돌릴지도 모른다. 하고 싶은 일을 자유롭게 춤추게 두자. '100개 중 몇 개는 해야지'라는 생각도, '어떻게든 달성해야 한다'는 집착도 모두 내려놓자.

우리가 이 책에서 말하는 실행은 기존의 목표 중심적 실천과는 다르다. 실천은 주로 성과를 기준으로 삼는다. 무언가를 이루기 위해, 성실하게 꾸준히 하는 것. 반면에 실행은 나를 기준으로 삼는다. 삶 속에서 내가 무엇에 반응하고, 어떤 감정이 남았는지를 조용히 관찰하는 일이다. 그러니 성과를 측정하고, 그것을 성실히 기록하는 방식으로 접근하지 않아도 된다. 실행은 내 마음의 흐름을 따라 삶을 '살아보는' 시간에 더 가깝다.

어떤 일에 손이 자주 가는지, 어떤 일은 아무리 계획해도 손이 가지 않는지, 그런 순간들을 흘러가는 물처럼 지켜보자. 계획대로 가지 않아도 괜찮다. 중간에 멈추어도, 한동안 잊고 있어도 괜찮다.

그럼에도 불안할 수 있다. 그럴 거면 왜 100개나 쓰라고 했을까? 당연한 마음이다. 하지만 분명히 말할 수 있다. 그 100개는 이미 우리 안에 각인되었다. 우리는 다양한 활동을 통해 자신의 욕망을 충분히 살펴보았고, 어느 정도의 우선순위도 정리해두었다. 의식하지 않아도 우리 몸과 마음이 자연스럽게 '진짜' 하고 싶은 일에 반응할 것이다. 그러니 하나하나 확인하려 애쓰기보다 삶이라는 무대를 그냥 자유롭게 즐겨보자. 그동안 열심히 준비해 온 연습생이 무대에 올라서는 순간, 연습을 잊고 음악을 즐기듯이 말이다. 그게 바로 이 책에서 말하는 실행의 핵심이다.

자유롭게 놓아두고 자연스럽게 실행하면 자기답게 살아가게 될 것이다. 다만, 그렇게 살아본 흐름을 잠깐 멈춰 돌아보는 시간을 주기적으로 가졌으면 한다. 소위 말하는 '회고'의 시간이다. 하지만 여기에서의 회고의 의미도 기존과 다르다. 무엇을 성취했는지를 따지는 시간이 아니라, 내가 어떤 감정과 함께 살았는지를 되짚어보는 시간이다. 매달 돌아봐도 좋지만 적어도 분기별로 한 번씩은 그 흐름을 되짚어보기를 권하고 싶다. 그 회고의 순간은 실행의 끝이 아니라 내 마음을 다시 확인하는 시간이 될 것이다. 분기별로 회고에서 할 일이 조금 다르다. 그 과정을 하나씩 거쳐보자.

1분기 회고 – 확장의 시간

여기서 말하는 '1분기'는 꼭 1월부터 3월을 의미하는 것은 아니다. 이 책을 따라 하고 싶은 일 100가지를 작성한 그 시점으로부터 약 3개월 후, 즉 100개의 리스트를 통해 마음을 꺼내놓은 후 처음으로 나를 돌아보는 시점이라고 보면 된다.

1분기는 아직 여물지 않은 시간이다. 그래서 이 시점에서 내가 몇 개나 실행했는지를 따지기 시작하면 마음이 쉽게 움츠러들 수 있다. '겨우 이 정도밖에 못했나', '벌써부터 흐지부지된 건 아닐까?' 그런 생각이 들 수도 있다.

그런 의미에서 몇 개를 실행했는지를 세어보지 않았으면 한다. 지금은 그런 판단보다는 내가 어떤 마음으로 이 리스트를 썼는지를 다시 한번 확인하는 시간이 되면 좋겠다. 무엇이 얼마나 자랐는지를 따지기보다 처음 어떤 씨앗을 심었는지를 점검해 보는 시간에 가깝다. 그리고 그 과정 속에서 내가 이미 해낸 일들, 조금이라도 움직인 순간들에 대해서는 스스로 충분히 칭찬해 주었으면 한다. 생각보다 훨씬 많은 것들이 이미 시작되었을지도 모른다.

그런 의미에서 3개월을 돌아보며 아래와 같은 질문을 던져 볼 수 있다.

1분기 회고의 질문

☐	실행했거나 시작한 일은 있는가?
☐	계획에는 없었지만 해보게 된 일이 있었는가?
☐	했던 일들 중 실제로 기억에 남는 건 무엇이었는가?
☐	내가 자주 생각한 일, 또는 유난히 손이 가지 않았던 일은?
☐	그 일들을 할 때의 감정은 어땠는가?
☐	지금 목록을 다시 보니, 새롭게 떠오르는 생각이나 감정은 무엇인가?

1분기 회고에서 던지는 질문들의 특징은, 단순히 해본 일 자체보다는, 그 일들에 대한 나의 감정과 반응에 주목하는 데 있다. 어떤 일을 처음 시도해 봤는지, 그 과정에서 어떤 감정을 느꼈는지가 더 중요하다. 단순한 평가가 아니라, 내가 실제로 살아본 경험들 속에서 다음으로 확장될 수 있는 실마리를 발견하는 작업이다. 꼭 위의 질문이 아니더라도, 내가 했던 일 혹은 하지 못한 일에 대해 떠올려 보고, 거기에 어떤 감정을 느끼고 있는지를 살펴보는 것도 좋은 회고가 될 수 있다.

이렇게 3개월을 돌아보았다면, 꼭 해봐야 할 것이 하나 있다. 바로 '확장'이다. 3개월 전에 쓴 하고 싶은 일의 목록은 한

번 적고 끝나는 것이 아니라, 삶을 살아가는 과정 속에서 감정에 따라 업데이트되는 생물 같은 것이다. 회고를 통해 떠오른 감정과 경험을 바탕으로, 이 목록을 다시 확장해 보자.

첫째, 새롭게 떠오른 하고 싶은 일들을 추가해 보자. 처음엔 생각하지 못했지만, 살아보는 중간에 생긴 새로운 감정이나 문득 끌리게 된 일이 있다면, 지금의 내가 새롭게 반응한 것이다. 하고 싶은 일을 떠올린 후 3개월 사이에 내 마음 속에 새롭게 아지랑이처럼 피어오른 것일 수도 있다.

둘째, 기존에 썼던 일을 더 세분화해 보자. 처음엔 막연했던 하고 싶은 일이, 경험을 통해 더 작고 명확한 실천 항목들로 나뉘는 경우다. 예를 들어, '건강 챙기기'라는 목표가 '주 2회 헬스장 가기', '매일 물 1.5L 마시기'처럼 구체적인 행동으로 나뉘는 식이다. 이건 단순히 계획을 정비하는 것이 아니라, 내 욕망이 어떻게 작동하는지를 세밀하게 들여다보는 과정이다.

셋째, 방향이 조금 달라진 일들을 조정해 보자. 하고 싶은 마음은 여전히 있지만, 살아보니 '그 방식은 내 방식이 아니었다'는 걸 깨닫는 경우도 있다. 예를 들어, '책 100권 읽기'에서 '30권을 천천히 곱씹으며 읽기'로 목표가 바뀌는 것처럼, 방향을 조정하는 것도 확장의 한 방식이다. 포기가 아니라 욕망의 조율이자 나에게 더 정직해지는 과정이다.

요약하자면, 1분기 회고는 3개월 전에 꺼내놓았던 나의 마음을 다시 마주하는 시간이다. 그 안에는 다짐하며 살았던 것도 있고, 아직 낯설게 느껴지는 것도 있을 것이다. 중요한 건, 그 3개월 동안 나는 어떻게 움직였고, 어떤 마음이 자라고, 어떤 마음이 바뀌었는지를 스스로 살펴보는 일이다. 그리고 그 회고에 확장이라는 과정을 덧붙이면, 다음 3개월은 지금보다 훨씬 더 자기다운 흐름으로 채워질 수 있다.

2분기 – 제거의 시간

하고 싶은 일을 작성한 지 6개월쯤 지나면, 조금씩 내 마음의 움직임에 대해 감각이 생긴다. 어떤 것들은 결실을 맺기도 하고, 어떤 것들은 여전히 손도 대지 못한 채 남아 있다. 2분기 회고는 그 사이 내가 실제로 살아본 흐름을 되짚어 보며 마음이 어디에 머물렀고 무엇에서 멀어졌는지를 확인하는 시간이다.

1분기와 비교해 보면 회고의 기본 틀은 크게 다르지 않다. 시도했던 것, 실행했던 것, 하려다 말았던 것을 중심으로 내가 어떤 감정을 느꼈는지를 되돌아보는 일이다. 하고 싶어서 해봤지만 막상 내게 맞지 않았던 경험도 있었을 수 있다. 짝사랑했던 사람을 실제로 만나보고 실망하는 것처럼, 경험도 해보기 전엔 모른다. 그런 면에서, 나와 맞지 않는다는 사실을 알아차리는 것 역시 소중한 수확이다.

이 시점에서도 중요한 것은 '얼마나 해냈느냐'가 아니다. 한 걸음을 내딛었든, 준비를 했든, 생각만 하다 멈췄든, 그 안에서 내가 어떤 감정을 느꼈고 어떤 방향으로 반응했는지가 더 중요하다. 채비만 했더라도 충분히 의미 있다. '해야 했는데 하지 못했다'는 식의 자기 비난은 잠시 내려놓자. 우리에겐 아직 6개월의 시간이 남아 있다.

그런데 이 시기에 꼭 해야 할 작업이 있다. 바로 '제거'다. 처음엔 설레며 적었던 목록들이 지금은 조금씩 무거워질 수도 있다. SNS나 외부 시선을 통해 만들어진 욕망들이 어쩌면 내 것이 아니었을 수도 있다. 목록에 있으니 신경이 쓰이긴 하지만, 마음은 움직이지 않는 일들이 있다. 그것은 '해야 하는데 미루고 있는 것'과는 다르다. 이미 내 마음에서 떠나보낸 것들이다. 그런 항목들과는 솔직하게 이별해도 괜찮다.

이 시점에 우리가 놓아도 좋은 것들은 대개 세 가지 범주로 나뉜다. 처음에는 하고 싶었지만 시간이 흐르며 우선순위에서 자연스럽게 밀려난 것들, 지금의 삶의 리듬과 어긋나 실행하기 어려운 일들, 그리고 사실은 처음부터 진심이 담기지 않았던 의무감의 목록들이다.

이 세 가지는 형태는 다르지만, 공통적으로 '지금의 나와는 조금 멀어진 일들'이라는 점에서 같다. 다만 여기에서 한 가지 분명히 해두자. 지금은 하지 못하고 있지만, 마음속으로는 여전히 필요하다고 느끼는 일들과는 구별해야 한다. 지금 제거하고자 하는 건 하고 싶지 않다는 감정이 분명히 자리 잡은 것들이다. 그런 항목들을 하나씩 지워내며 마음의 구조를 다시 정돈해 보자.

이런 일들을 제거한다고 해서 그것이 실패를 뜻하는 건 아니다. 오히려 내가 나를 더 잘 이해하게 되었다는 증거다. 좋아하는 것을 바로 찾는 게 어렵다면, 좋아하지 않는 것을 하나씩 덜어내며 방향을 조정하는 것도 하나의 방법이다. 제거는 목록에서 지운다는 의미를 넘어서 내 마음에서 자연스럽게 흘려보내는 과정이다.

그렇다면 이 시점에서 스스로에게 던져볼 수 있는 질문은 다음과 같다.

2분기 회고의 질문

☐	지난 3개월 동안 마음이 가지 않았던 일은 무엇인가?
☐	반복적으로 미루게 되었던 일은 무엇이었나?
☐	목록에 있지만 지금은 그다지 끌리지 않는 일은?
☐	안 했을 때 아쉽기보다는 오히려 편했던 일은?
☐	그 일들을 할 때, 나는 왜 부담을 느꼈을까?

이 질문들은 '실천 부족'을 확인하려는 게 아니다. 내 마음이 자연스럽게 반응한 감정들을 중심으로, 앞으로 어떤 흐름을 만들어갈지 조율해 보는 시간이다. 어떤 분은 이 회고를 하고 나서 "앓던 이를 뺀 기분이었다"고 말한다. 하고 싶지 않으면서 자꾸 마음에 걸리던 항목들을 정리하고 나니 훨씬 마음이 후련해졌다고 했다.

2분기 회고는 실천하지 못한 나를 반성하는 시간이 아니라, 지금의 나에게 더 어울리는 삶의 무게중심을 다시 잡아보는 시간이다. 버리는 것은 줄이기 위해서가 아니라, 흩어진 마음을 정리하고 중심을 다시 세우기 위해서다. 마음을 덜어낼수록, 다음 분기에는 내게 더 맞는 감정과 실행이 남게 될 것이다.

3분기 – 결실의 시간

하고 싶은 일을 처음 정리한 지 어느덧 9개월이 흘렀다. 이쯤 되면 주변에서 누군가는 "그래서 100개 중에 몇 개 했어?"라고 묻기도 한다. 그런 질문에 휘둘릴 필요는 없다. 누누이 말하지만 100개를 다 하려고 그것을 쓴 것이 아니다. 내 마음을 들여다보기 위함이었기에, 100개를 다 할 필요도 없고 많이 해야 한다는 강박도 가질 필요 없다. 쓴 것 중에 어떤 것들을 했고, 그 과정에서 내가 무엇을 느꼈는지를 알아차리는 것이 몇 개를 해야 한다는 압박보다 더 중요하다.

그런 의미에서 3분기 회고 또한 마음을 들여다보는 과정이어야 한다. 우선 지난 3개월을 돌아보며 어떤 것들을 했는지 살펴보자. 앞의 두 번의 회고와 같은 방식이다. 내가 썼던 목록 중에서 실행했거나, 실행 중이거나, 시도라도 해본 것들을 가볍게 떠올려 보자. 중요한 건 그 일들에 얽힌 감정이다. 나는 어떤 마음에 이끌렸고, 무엇을 하며 시간을 보냈는지 찬찬히 들여다보자. 그런 경험이 나에게 어떤 의미로 다가왔는지도 살펴보자. 확신컨대 이쯤되면 했던 것들이 하나둘 수면 위로 올라올 것이다. 그러면서 생각보다 많은 것들을 했거나 하고 있다는 것을 알 수 있을 것이다. 삶에 대해서도 긍정의 마음이 생겨날 것이다.

이런 과정을 거쳤다면, 이제 남은 3개월 동안 무엇을 해보면 좋을지를 생각해 보자. 아직 늦지 않았다. 아직 못한 것들을 보면서 망했다고 단념하거나 포기하긴 이르다. 3개월은 생각보다 길다. 하루씩만 모아도 90번의 기회가 있으니까. 그중 하나라도 제대로 마음 가는 대로 실천할 수 있다면, 그건 충분한 결실이다. 어쩌면 그 결실은 이미 마음속 어딘가에서 조용히 자라고 있었을지도 모른다.

그래서 이번 회고에는 조금 특별한 질문을 던져보면 좋겠다. 실제로 무엇을 해냈느냐보다 더 중요한 건, 그동안 나를 움직이게 했던 감정, 자주 떠올랐던 장면, 그리고 나도 모르게 꾸준히 반복하게 되었던 일들이다. 결실은 손에 잡히는 결과일 수도 있지만, 때로는 감정의 여운으로 남기도 한다.

다음과 같은 질문을 스스로에게 던져보자.

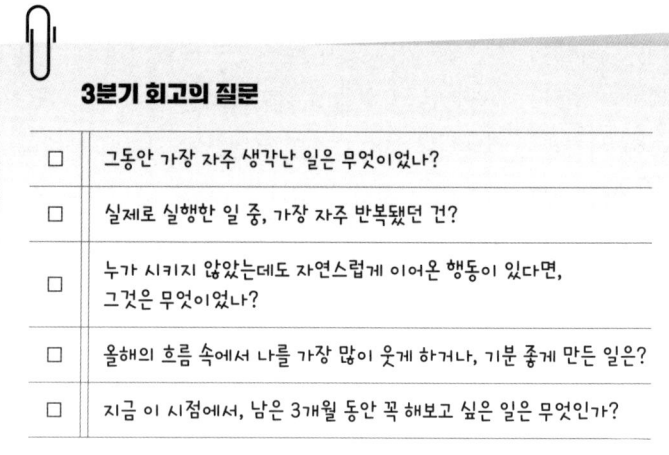

3분기 회고의 질문

- ☐ 그동안 가장 자주 생각난 일은 무엇이었나?
- ☐ 실제로 실행한 일 중, 가장 자주 반복됐던 건?
- ☐ 누가 시키지 않았는데도 자연스럽게 이어온 행동이 있다면, 그것은 무엇이었나?
- ☐ 올해의 흐름 속에서 나를 가장 많이 웃게 하거나, 기분 좋게 만든 일은?
- ☐ 지금 이 시점에서, 남은 3개월 동안 꼭 해보고 싶은 일은 무엇인가?

이 질문들은 결산표를 만들기 위한 것이 아니다. 지금까지의 삶 속에서 내가 무엇을 지켜왔고, 앞으로 무엇을 이어가고 싶은지를 가볍게 짚어보는 방식이다. '잘했나, 못했나'보다 '무엇이남았나'에 집중해 보자.

질문들을 통해 마음을 가볍게 정리했다면, 이제는 올해 초에 정리했던 3-3-3 설계를 다시 꺼내볼 차례다. 우리는 하고 싶은 일을 정리하면서 꼭 하고 싶은 일 세 가지(계획의 영역),

가장 쉽게 할 수 있는 일 세 가지(실천의 영역), 마지막으로 꼭 해야만 하는 세 가지(마감의 영역)를 골라냈었다. 각각을 정리하며 나름의 전략을 세웠고, 때로는 스스로를 다그치기도 했다. 이제 그 아홉 가지 항목을 다시 들여다보자.

먼저 계획의 영역. 꼭 하고 싶었던 일들 중 실제로 실행한 것이 있는가? 있다면, 그 자체로 박수받아 마땅하다. 아직 달성하지 못했다면, 지금 어디쯤 와 있는지 점검해 보자. 처음 세운 계획 중 어떤 부분은 여전히 유효한가? 또, 구체적인 실행 계획에 어떤 걸 추가하면 더 가까이 다가갈 수 있을까? 지금 정리해두면 남은 3개월은 훨씬 실속 있게 흘러갈 수 있다.

실천의 영역은 결실의 시점에서 가장 유연하게 조정할 수 있는 영역이다. 이미 해낸 일이 있다면, 그 흐름을 계속 이어가도 좋고, 아직 손도 못 댔다면 지금부터라도 천천히 시작하면 된다. 새롭게 '이건 해볼 수 있겠다' 싶은 게 떠오른다면 추가해도 된다. 실천의 목록은 세 개로 한정되지 않는다. 단, 추가하더라도 '마음이 가는가?'를 따져봐야 한다. 하기 쉬우니까 그냥 해보자는 마음은 좋지 않다. 단순히 몇 개를 했느냐가 중요한 것은 아니니까. 하기 쉽고 마음이 가는 일을 고르자.

마감의 영역은 좀 더 진지한 판단이 필요한 시점이다. 마감일이 지나도록 계속 미뤘다면, 그 이유를 들여다보자. 혹시 정말 필요 없는 일이었을지도 모른다. 아니면 아직 타이밍이 아니었을 수도 있다. 애매하게 붙잡고 있느라 더 중요한 것을 놓치지 않도록, 이 시점에 정리할 수 있으면 좋겠다. 다시 마감 시점을 조정하거나, 필요하다면 과감히 내려놓는 것도 방법이다.

꼭 강조하고 싶은 것이 있다. 내려놓기는 마감의 영역에만 해당되지 않는다. 꼭 하고 싶었던 일이나, 쉽게 할 수 있다고 생각했던 일도 지금 마음이 가지 않는다면 내려놓아도 괜찮다. 모든 걸 다 해내야 한다는 압박은 버려도 된다. 중요한 건 중심이다. 끌리는 감각이 아주 강렬하지 않아도 괜찮다. 미세한 감정의 움직임일지라도 그것이 있다면, 해볼 만한 가치가 있다. 해보고 나서야 그것이 진짜 내 것이었는지를 알게 될 때가 많다.

3-3-3 설계는 절대적인 기준표가 아니다. 오히려 지금까지의 실행과 감정, 그리고 삶의 흐름을 바탕으로 다시 중심을 잡는 나침반에 가깝다. 계획은 계획대로, 실천은 실천대로, 마감은 마감대로, 지금 내 마음에 맞게 조정하며 정리해 보자.

다시 한번 강조하지만, 결실은 거창할 필요가 없다. 하나만 해도 충분하다. 처음 100개의 목록 중 단 한 개라도, 지금의 내가 진심으로 원하는 마음을 따라 조금씩 실천할 수 있다면, 그 하나는 꽤 괜찮은 결실이 되어줄 것이다. 수확은 늘 풍성할 필요가 없다. 단 하나의 감각만 또렷하게 남아도, 우리는 이 해를 잘 살아낸 셈이다.

이렇게 분기별 회고의 과정을 지나왔다. 실행의 흐름을 따라 이 시간을 충분히 경험했다면, 단순히 몇 가지를 해냈는지를 넘어 자신에 대해 더 깊이 알게 되었을 것이라고 장담한다. 특히 마음을 비워두고 조급하지 않게 하나하나 걸어왔다면, 의식하지 않아도 이미 많은 것을 해냈을 가능성이 크다. 하고 싶은 것을 쓰고, 정리하고, 돌아보는 일련의 과정만으로도 실행의 동력을 충분히 축적한 셈이기 때문이다. 그 흐름 속에서 내가 무엇을 지켜왔는지 떠올리는 것만으로도, 스스로에게 '나는 잘해왔다'라는 자존감을 선물할 수 있다.

물론 지금까지의 과정에서 완벽하게 계획을 따라 실행하지는 못했을 수 있다. 하지만 자꾸 떠오르거나 자연스럽게 손이 간 일이 있었다면, 그것이야말로 지금 내 삶의 중심이 향하고 있는 방향을 알려주는 중요한 단서다.

이제는 다음 걸음을 위한 준비를 해보자. 지금까지의 실행이 정답을 내기 위한 여정이 아니었듯, 다가올 '조정'의 시간도 내 안의 중심을 조금 더 다듬는 과정일 뿐이다. 여기까지 잘 걸어온 당신이라면, 이제는 조금 더 편안하게, '내가 살아낸 한 해'를 정리할 자격이 있다.

조정은 내가 했던 일들에 대한 총정리이자, 삶의 변화를 눈으로 확인하는 시간이다. 1년 전의 나와 지금의 나를 조용히 마주하며, 그동안 쌓아온 마음의 흔적들을 정리해 보자.

5단계 :
조정하기

　이제까지 네 단계를 거쳐 1년의 시간을 보냈다. '자기 관찰'의 단계에서는 긍정적으로 자신을 들여다보았고, '자기 탐색'의 단계에서는 1년 동안 하고 싶은 일을 100개 써보았다. '정리 및 설계'의 단계에서는 그 목록을 마인드맵으로 정리하고, 목표를 문장으로 표현해 보며 방향을 세웠다. 또 하고 싶은 일, 하기 쉬운 일, 꼭 해야 하는 일을 세 가지씩 고르며 계획하고, 실행하고, 마감하는 구조까지 만들어 보았다. 마지막으로, 이 일들을 하나씩 실행하며 분기별로 돌아보는 시간도 가졌다.

　이 과정을 거쳤다면, 분명 한 해를 꽤 성실하게 살아온 것이다. 여기서 말하는 성실은 다시 한번 강조하지만, 보편적인 기준이 아니라 나 자신을 위한 성실함이다. 나를 꾸준히 들여다보고, 원하는 것을 해보고, 돌아보기도 하며 조금씩 나만의 감각으로 중심을 맞춰가며 살아왔을 것이다. 그리고 이제 한 해를 마무리할 시간이다. 잠시 멈춰 서서 지금까지의 나를 조용히 들여다볼 때다.

그렇다면 1년을 마무리하는 과정을 왜 '마무리'가 아닌 '조정'이라고 부르는 걸까? 한 해를 마무리한다는 것은 다음 해를 시작하는 것과 연결되기 때문이다. 우리의 삶이 1년으로 끝나지 않으므로 다시 준비하는 과정으로 이어져야 한다. 그런 의미에서 마무리의 과정은 다음 해를 준비하기 위한 조용한 조정의 시간이다.

지금의 나는 어떤 모습인가? 나의 마음은 지난 1년 사이에 어떻게 바뀌었는가? 1년 동안 했던 것들을 살펴보면서 '나'를 다시 들여다보자. 처음에는 정말 하고 싶다고 느꼈던 일이 지금은 이상하리만큼 마음이 가지 않을 수도 있다. 반대로, 별 기대 없이 써놓았던 일이 살아가는 시간 속에서 자꾸 손이 가는 일로 바뀌기도 한다. 이제 그것들을 하나씩 확인해 보자.

게다가 우리는 정말 많은 것들을 시도하며 살아왔다. 해보니 생각보다 잘 맞았던 일도 있고, 반대로 해보니까 내 것이 아니었다는 걸 알게 된 일도 있다. 단순한 시도가 아니라, 나를 만드는 경험이었다. 그것들에 대해서 내 감각을 정리하는 것은, 흐트러진 중심을 다시 세워줄 귀중한 자산이다.

그런 의미에서 조정은 단순한 정리표가 아니다. 살아본 시간을 바탕으로, 지금의 나에게 어울리는 방향을 다시 잡는 일.

조금은 덜어내고, 조금은 더 담아내며, 삶의 무게 중심을 다시 내 안으로 당겨오는 시간이다.

다시 강조하지만 조정은 평가의 시간이 아니다. 정답을 찾아내는 것도 아니다. 단지 지금 나에게 맞게 삶의 결을 조금 더 다듬는 것이다. 그렇게 중심을 다시 세우고 나면 우리는 다시 시작할 준비가 되어 있을 것이다.

조정의 3단계

조정은 크게 세 가지로 나눌 수 있다. 정리-정돈-정비의 세 과정을 거친다. 정리는 말 그대로 100개의 리스트를 바탕으로 실행한 것들을 돌아보는 시간이다. 정돈은 정리한 것들에서 내가 어떤 감정을 느꼈는지를 돌아보는 것이다. 마지막의 정비는 나아가기 위한 준비다. 정돈된 마음을 바탕으로 다시 나를 일으켜 세우는 과정이다. 이 세 과정을 거치면 1년을 마무리하고, 새로운 1년을 시작하는 마음이 훨씬 산뜻할 것이다.

1) 정리

1년 동안 내가 했던 경험을 차분히 돌아보자. 이때 가장 좋은 안내서는 바로 1년 전에 작성한, 하고 싶은 일 리스트다. 그 안에는 크고 작은 바람들이 담겨 있다. 분기별로 회고의 작업을 거쳤다면, 이미 그중 많은 항목에 작은 체크 표시들이 있을 것이다. 혹시 아직 체크된 게 없다고 해도 괜찮다. 작성 후 1년 뒤에 돌아보는 것만으로도, 이미 '정리'는 시작된 셈이니까.

100개의 리스트는 단순한 할 일 목록이 아니다. 1년 전의 내가 지금의 나에게 건네는 좌표였다. 그리고 1년이 지나고 나서는 1년 동안의 경험을 되짚어 보는 복기표가 된다. 내가 무엇을 해왔는지를 다시 인식할 수 있는 가장 구체적인 단서가 바로 100개의 리스트다. 그것을 근거로 나의 경험을 정리할 수 있다.

하나씩 점검하다 보면 하고 싶은 것들을 많이 실행했다는 것을 알 수 있을 것이다. 실제로 리스트에 적었기 때문에 실행하게 된 일들도 있다. 막연하게만 생각했던 바람들이, '적어두었다'라는 사실만으로 마음 한구석에 자리를 잡고, 언젠가 그 일을 하도록 우리를 이끈다. 글로 써놓은 욕망은, 머릿속에만 있을 때보다 훨씬 더 행동에 가까워진다. 그래서 "적는 것이 실행의 시작"이라는 말도 괜한 말이 아니다. 정리하다 보면 쓰면 이루어진다는 말을 실제로 체감할 수 있을 것이다.

하지만 리스트는 또 다른 방식으로도 힘을 발휘한다. 반대의 경우로도 생각해 볼 수 있다. 리스트를 썼기 때문에 무언가를 한 것이 아닐 수도 있다는 말이다. 오히려 원래부터 하고 있었던 것을 리스트를 통해 의식하게 될 수도 있다.

하고 싶은 일을 작성하지 않아도 우리는 무의식적으로 하고 싶은 것들을 실제로 행동으로 옮기면서 살아간다. 꽤 많은 것들을 말이다. 하지만 우리는 그것들이 사소하다는 이유로, 미완이라는 이유로 지나쳐 버릴 때도 많다. 특별하지 않다는 이유로 스스로 기억하지 못한다. 리스트를 보다가 문득, "아, 이거 나 요즘 계속 하고 있었네." 하고 떠올리게 된다.

썼기 때문에 행한 것이 아니라 '써놨기 때문에 내가 했다는 사실을 인식하게 되는 것'일 수도 있다는 말이다. 인식의 순간 자체가 리스트가 가진 또 다른 힘이다.

결국 리스트는, '앞으로 할 수 있도록' 나를 이끌어 주는 동력이자, '이미 하고 있는 나'를 알아보게 해주는 거울이다. 그 두 가지 작용이 동시에 이뤄질 때, 우리는 비로소 자기 삶을 더 온전하게 바라볼 수 있다. 리스트는 그 삶의 흔적을 기록하고, 작은 자존감을 되살리는 촉매가 되어준다. 어떤 방향으로 리스트가 작용하든 그것이 가진 힘을 무시하지 않았으면 한다.

하지만 여기서 다시 짚고 넘어갈 것이 있다. 이미 수차례 강조했지만 또 한 번 더 말하자면, 리스트를 바탕으로 정리하는 과정에서 몇 개를 했는지 숫자로 세지는 않았으면 좋겠다.

우리는 이 책에서 '실천'이 아니라 '실행'을 이야기해 왔다.

실천이 정해진 목표에 따라 끊임없이 해내는 것이라면, 실행은 살면서 자연스럽게 드러나는 감정과 리듬에 집중하는 방식이다. 그래서 지금 돌아보는 것도 '했느냐 못했느냐'가 아니라, 어떤 방향으로 움직였고, 어떤 감정이 남았는가에 가깝다.

그렇다고 반성을 하지 말자는 건 아니다. 내가 무엇을 했는지를 먼저 알아차리고 나면 자연스럽게 '못한 것들'도 눈에 들어온다. 다만 '못한 것'을 탓하기보다는 그 이유를 들여다보면 된다.

"정말 하기 싫어서 안 한 건지, 아니면 여건이 되지 않아서 못한 건지?"

이 질문 하나만으로도 지금의 나에 대해 훨씬 더 정직한 답을 얻을 수 있다. 우리가 조정하고자 하는 건, 다그치기 위한 평가가 아니라 다음을 위한 재정비이기 때문이다.

마지막으로 잊지 말아야 할 포인트가 하나 더 있다. 우리가 이뤄낸 일은 반드시 '써놓은 것들' 안에만 있는 것은 아니다. 리스트를 바탕으로 정리하다 보면, 오히려 리스트에 없었던 실행들이 드러나기도 한다. 내가 처음엔 중요하다고 생각하지 않았거나, 아예 떠올리지 못했던 일일 수도 있다. 하지만 살아가다 보니 나도 모르게 자주 하게 된 일, 자연스럽게 반복하게 된 습관, 혹은 예상치 못한 기회 속에서 시도한 일이 있었다면 그것은 분명 지금의 나를 만든 중요한 조각들이다.

리스트 밖의 실행은 오히려 나의 변화, 성장, 흐름을 더 선명하게 보여주는 증거다. 이것을 정리의 마지막에서 따로 적어 두는 것도 추천한다. 리스트 안의 '이루어진 일'을 체크하는 것이 해냈다는 성취감을 주는 작업이라면, 리스트 밖의 '뜻밖의 실행'을 발견하는 것은 내 변화를 확인하는 지점일 수도 있다. 뜻밖의 실행 속에서 조정의 실마리가 나올 수도 있다.

정리란 내가 이뤄낸 것들을 셈하는 단순한 체크의 작업이 아니다. 내가 어떤 흐름 속에서 살아왔는지를 알아차리는 일이다. 무언가를 많이 했다고 해서 자랑할 일만은 아니다. 반대로 몇 개 안 했다고 움츠러들 필요는 없다. 별로 한 게 없어 보여도, 내 안에서는 분명 무언가가 조금씩 자라나고 있었을 수 있다. 그 흐름을 인식하는 것이며, 그 흐름 속에서 나를 다시 바라보는 일이 지금 우리가 말하는 '정리'이다.

이 과정은 누군가에게 보여주기 위한 보고서가 아니다. 스스로가 스스로에게 '잘 살고 있다'라고 인정해 주기 위한 기록이다. 그 인정을 통해 우리는 자신에 대한 믿음을 조금 더 회복할 수 있다. 그리고 그 믿음은, 다음 걸음을 준비하는 데 가장 중요한 힘이 된다. 계획이든, 습관이든, 실천이든 결국 나를 앞으로 움직이게 만드는 것은 '이미 나는 꽤 괜찮게 살아왔구나'라는 마음에서 시작된다. 그게 정리에서 우리가 얻어갈 가치다.

이런 정리의 과정에 좋은 질문을 던지며 하나씩 체크해 보는 것이 큰 도움이 된다. 참고가 될만한 질문은 뒷부분에 따로 정리해 둘 예정이다. 꼭 모든 질문에 답할 필요는 없다. 가볍게 훑어보며 마음이 머무는 질문에만 답해도 좋고, 차분히 하나씩 기록해 보며 나만의 1년 회고를 완성해도 좋다.

이 과정을 통해 스스로를 칭찬해 주었다면 가벼운 마음으로 '정돈'의 단계로 걸어가 보자.

정리를 위한 질문 리스트

☐	1분기 했던 일 중 인상적인 것은 무엇인가요?
☐	2분기 했던 일 중 인상적인 것은 무엇인가요?
☐	3분기 했던 일 중 인상적인 것은 무엇인가요?
☐	4분기 했던 일 중 인상적인 것은 무엇인가요?
☐	목표 중에서 이룬 것은 무엇인가요?
☐	했던 경험 중 기뻤던 일은 무엇인가요?
☐	올해 했던 경험 중 새로웠던 경험은 무엇이었나요?
☐	자신의 시야를 확장시켜 주었던 문화 경험(책, 영상, 공연, 음악 등)은 무엇이었을까요?

☐	자신의 의외의 모습을 발견했던 경험을 찾아볼까요?
☐	무엇을 배웠나요(교육, 연수)? 자신에게 영향을 주었던 교육은 무엇이었나요?
☐	자신의 한계에 도전했던 경험은 없었나요? 불가능할 것 같은 것을 이룬 경험을 찾아보세요.
☐	감사한 일은 무엇이었나요?
☐	자신에게 영향을 미친 사람은 누구였나요? 반대로 나는 누구에게 영향을 미쳤나요?
☐	새로운 인연은 없었나요? 그 인연은 당신에게 어떤 영향을 주었나요?
☐	가족이나 친구와의 소소한 경험 중 행복했던 순간 하나만 써볼까요?
☐	주변 사람들에게 긍정적인 영향을 미친 경험이 있나요? 그것을 정리해 볼까요?
☐	실패한 일은 없었나요? 실패 경험을 공유해 주세요.
☐	일상에서 버리고 싶은 습관은 무엇이었나요? 반대로 유지하고 싶은 습관은?
☐	의도치 않았지만 우연히 이루어진 성취가 있었나요? 그 성취가 당신에게 어떤 의미를 남겼나요?
☐	돈은 많이 벌었나요? 경제적인 상황은 올해 어땠나요?
☐	나에게 어떤 선물을 주었나요? 물건이든 경험이든 나를 위해 준 선물을 하나 써보세요.
☐	나의 휴식처가 되었던 공간은 어디였을까요? 나만의 퀘렌시아를 소개해 주세요.
☐	나의 몸을 위해서 어떤 일을 하셨나요? 좀 더 건강한 삶을 위해 했던 일을 뽑아볼까요?

2) 정돈

1년 동안 어떤 활동을 했는지 돌아보는 작업을 '정리'라고 정의했다. 이제는 그다음으로 정돈을 해볼 시간이다. 정리가 내가 걸어온 발자국을 돌아보는 일이라면, 정돈은 그 발자국에 담긴 마음을 들여다보는 일이다.

정리했던 것들을 하나씩 돌아보면서 내가 무엇을 느꼈는지 정돈의 시간을 가져보자. '했는가, 못했는가'를 넘어 '그 일이 나에게 어떤 감정으로 남았는가'를 차분히 되묻는 시간이다. 표면 아래 잠들어 있던 감정의 결들을 어루만지며, 이제는 그 경험들이 내 안에 어떻게 남아 있는지를 돌아본다.

정돈은 세 가지 과정을 거친다. 우선 정리에서 나열했던 '행한 일'에 대해 중심을 찾아 요약하는 작업을 하고, 이어서 그 실행 속에 깃든 내 마음을 읽어본다. 그리고 마지막으로, 이 모든 과정을 바탕으로 한 해를 한마디로 표현해 보는 작업으로 이어진다. 수많은 발자국 속에서 의미를 찾고, 그 발자국들이 가리키는 방향을 찾아가는 여정이라 할 수 있다.

가장 먼저, 1년 동안의 활동 중 내 중심이 어디에 있었는지를 찾아본다. 단순히 무엇을 했는가를 나열하는 것이 아니라, 그 많은 경험들 가운데 특히 내가 힘을 쏟았던 일, 자주 손이 갔던 활동, 스스로 만족스러웠던 일들을 돌아본다. 목표로 삼았던 일이었든, 삶 속에서 자연스럽게 반복된 일이었든, 내 마음을 끌어당긴 활동들은 분명 1년의 중심을 이뤘을 것이다.

이때 마음을 들여다볼 수 있는 질문을 던지는 게 중요하다. '가장'이라는 단어를 활용해서, 시간, 기억, 성취 등의 관점으로 다음과 같은 질문을 던질 수 있다.

1년 동안의 중심을 찾기 위한 질문

- [ ] 1년 동안 가장 많은 시간을 들인 활동은 무엇이었나?
- [ ] 가장 뿌듯했던 일은 무엇이었나?
- [ ] 가장 오랫동안 기억에 남은 경험은 무엇인가?

질문들에 답을 하다 보면, 단순히 체크한 목록을 넘어, 1년 동안 내 안에 자리 잡고 있었던 중심이 자연스럽게 드러날 것이다.

내가 중심을 두었던 활동을 요약했다면 그다음은 감정을 복기해 보자. 실행했던 활동 하나하나를 넘어서 그 안에 깃든 감정들을 읽어본다. 어떤 활동을 했느냐보다 중요한 것은 그 일이 내게 어떤 감정을 남겼는가이다. 만족, 기쁨, 아쉬움, 무덤덤함… 어떤 감정이든 의미가 있다. 감정은 결과를 평가하기 위한 것이 아니라, 지금 내 삶의 방향을 비춰주는 작은 나침반이다.

이때는 또 다른 질문들을 활용해 볼 수 있다. 여기의 질문은 감정에 대한 것들이 주를 이룬다. 이를 위해 세 가지 질문을 자신에게 던져보자.

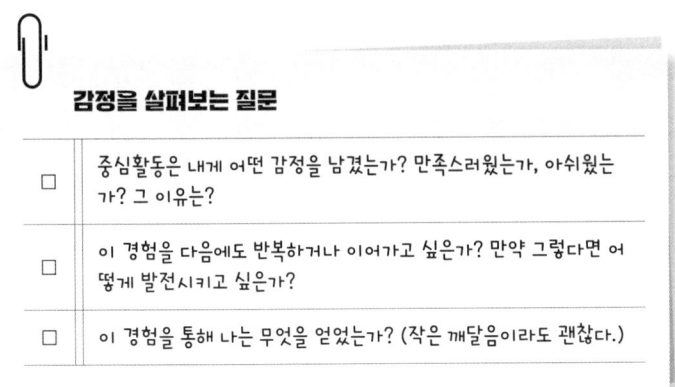

감정을 살펴보는 질문

☐	중심활동은 내게 어떤 감정을 남겼는가? 만족스러웠는가, 아쉬웠는가? 그 이유는?
☐	이 경험을 다음에도 반복하거나 이어가고 싶은가? 만약 그렇다면 어떻게 발전시키고 싶은가?
☐	이 경험을 통해 나는 무엇을 얻었는가? (작은 깨달음이라도 괜찮다.)

단순히 겉으로 드러난 활동을 넘어서 내면의 반응과 감정을 구체적으로 마주해 보자. 경험을 정리하는 것을 넘어 그것에 대한 내 생각을 다시 들여다보면, 내가 그 경험을 어떻게 받아들였고, 그것이 내게 무엇을 남겼는지가 또렷이 드러난다. 정돈은 바로 이 과정을 통해, 내가 살아온 1년을 마음 깊이 받아들이는 작업이 된다.

이제 마지막으로, 문장으로 한 해를 압축해 보는 시간이다. 한 단어, 한 문장 또는 짧은 두세 문장으로 표현해 본다. 길게 생각할 필요는 없다. 떠오르는 이미지를 따라가도 좋다. 1년을 요약하는 이 한 마디는 거창한 선언이 아니라, 내 삶을 스스로 껴안는 따뜻한 리본 같은 것이다.

왜 이런 작업이 필요할까? 지금까지 우리는 1년 동안 해온 일들을 돌아보고, 그때 느꼈던 감정과 변화를 차근차근 정리해 왔다. 하지만 다양한 경험과 감정은 때로 흐트러져 있다. 이를 하나의 문장으로 압축해 보는 것은, 흩어진 조각들을 묶어 올해의 나를 한눈에 바라보게 해주는 과정이다. 그리고 이 문장은, 1년 동안 살아온 나의 태도와 흐름을 가장 단순하고 정확하게 보여준다. 발자국이 어디를 향했는지 선명하게 드러내 주는 이정표 같은 것이다.

방법은 이렇다. 돌아본 경험들 속에서, 올해 나를 가장 잘 설명하는 감정이나 움직임을 하나 골라보자. '버텼다', '시도했다', '느슨해졌다', '조금 성장했다' 같은 간단한 표현이어도 좋다. 그 감정을 중심으로 한두 줄 문장으로 정리해 보는 것이다.

'올해 나는 자꾸만 흔들렸지만, 그 안에서 버티는 방법을 배웠다. 조금은 서툴렀지만, 원하는 방향으로 천천히 나아갔다. 쉬워 보이는 길을 외면하고, 내 길을 고집했다.'와 같이 지나온 1년의 핵심을 내 방식으로 간결하게 표현해 보자. 멋있을 필요도, 남에게 보이기 위한 것도 아니다. 그저 올해의 나를 나 스스로 이해하고, 인정하는 과정이면 충분하다.

이렇게 한 해를 한 문장으로 정리하면 정돈의 과정도 마무리다. 돌아보고, 느끼고, 껴안는 시간이었다. 1년 동안 쌓인 수많은 경험과 감정들은 더 이상 흩어진 조각이 아니라 나라는 사람을 조금 더 단단하게, 또렷하게 만들어주는 재료가 되어 있다. 비록 계획했던 모든 것을 이루지 못했을지라도, 때로는 흔들리고 멈춰 섰을지라도, 우리는 충분히 살아냈다. 그 사실만으로도 스스로를 격려할 이유는 충분하다. 이제 가벼워진 마음으로, 다음을 위한 '정비'의 시간으로 넘어가자.

3) 정비

지금까지 정리와 정돈은, 사실상 회고의 작업과 크게 다를 바 없었다. 하지만 이 과정을 단순한 '회고'가 아니라 '조정'이라고 부른 이유는 마지막 '정비' 작업 때문이다. 만약 우리의 삶이 1년 단위로 끝나는 거라면, 돌아보는 것으로 충분했을 것이다.

하지만 삶은 반복된다. 또 다른 1년이, 또 다른 계절이 우리를 기다리고 있다. 그렇기에, 고개를 과거에서 미래로 돌릴 필요가 있다. 다만 너무 빨리 돌리면, 목에 무리가 갈 수 있다.

정비는 바로 다음을 위한 준비다. 급하게 나가다가 넘어지지 않도록 중간 과정을 거치는 것이다. 정돈의 과정을 통해 차분히 바라본 나의 흐름을 바탕으로, 이제는 방향을 잡는다. 1년 동안 살아본 감정과 경험을 딛고, 다음 해를 향해 부드럽게 발을 내딛기 위한 기초 작업이다. 정비는 회고를 바탕으로 삶의 방향을 다듬고, 다음 여정을 준비하는 조심스러운 전환이다.

정비의 작업에서 가장 중요한 것은 취사선택이다. 1년을 정리하다 보면 이어가고 싶은 활동이 있는가 하면, 반대로 이제는 내려놓고 싶은 활동도 있을 것이다. 앞으로 더 발전시키거나, 더 깊이 해보고 싶은 활동은 어떻게 강화할지 고민해 본다. 반대로, 감흥이 적었던 활동에 대해서는 과감히 삭제하는 것도 방법이다. 실행해본 것으로 이미 충분한 의미가 있었다면, 억지로 이어가지 않아도 된다.

큰 활동에서 취사선택이 이뤄질 수도 있지만, 세부 사항이 바뀔 수도 있다. 내게 달리기가 그랬다. 달리기를 좋아하게 된 나는 하고 싶은 일에 달리기 관련 내용을 많이 넣는다. 하지만 매년 달리기 항목에 대한 세부 사항이 조금씩 바뀐다. 마라톤 풀코스 완주는 힘들지만 벅찬 기쁨을 주었다. 그래서 더 많은 풀코스에 도전하고 싶은 마음이 생겼고, 해외 대회까지 참가하고 싶은 새로운 목표가 생겼다. 그러나 1년 2000km 달성이라는 양적인 목표는 나에게 무리였음을 깨달았다. 남에게 보여주기 위한 기록보다, 달리는 순간의 기쁨에 더 집중하기로 했다. 기록에 대한 목표도 내려놓았다. 달리는 순간 얼마나 더 기분 좋게 달리느냐가 중요하다. 그래서 즐겁게 완주하는 게 목표가 되었다. 더이상 최고 기록을 깨는 것이 중요하지 않게 되었다.

남들의 기준이 아니라 나만의 기준으로. 충분히 경험했으면 내려놓고, 여전히 끌리는 것들은 품는다. 이 단순하지만 중요한 취사선택이 바로 정비의 시작이다.

　두 번째는 느슨한 방향성을 잡는 일이다. 취사선택이 과거를 정리하는 작업이라면, 느슨한 방향성 잡기는 미래를 부드럽게 준비하는 일이다. 취사선택을 통해 남긴 활동들과 감정들을 기반으로, 다음 해를 어떻게 살아가고 싶은지를 가볍게 스케치해본다. 여기서 중요한 것은 구체적인 계획을 세우는 것이 아니라, 내 삶의 방향성을 점검해 보는 것이다.

　예를 들어, 올해는 여러 가지를 시도해 보는 데 집중했다면, 내년에는 한 가지를 깊게 파고들어 보고 싶다는 생각이 들 수도 있다. 또는 올해는 일에만 치중했다면, 내년에는 인간관계나 취미 활동 쪽으로 삶의 균형을 맞춰보고 싶다는 흐름이 자연스럽게 떠오를 수도 있다. 이렇게 느슨하게나마 방향을 그려두는 것은, 새로운 1년을 시작할 때 마음을 조금 더 선명하게 정리하는 데 큰 도움이 된다.

　앞의 정돈 과정에서 1년을 한 문장으로 정리한 것이 이 작업의 바탕이 된다. 그 문장에서 드러난 긍정적 또는 부정적 감정들이 다음 해의 방향을 잡는 데 중요한 단서가 되어줄 것이다. 또한, 1년 전에 작성했던 마인드맵이나 목표와 지금의 마음을 비교해 보는 것도 좋다. 처음 가졌던 기대와 지금 남은 마음의 결을 비교해 보면, 그 사이에 나에게 일어난 변화를 더 깊이 알아차릴 수 있다. 이 작은 차이에 대한 지각이 다음 해를 살아가는 또 다른 방향을 제시해 줄 것이다.

정비의 과정은 완벽한 설계도가 아니다. 아직 다듬어지지 않은 방향이어도 괜찮다. 지금 필요한 것은 명확한 계획이 아니라, 1년을 정리하면서 다음 해를 어떻게 살고 싶다는 마음을 다잡는 작업이다. 한 해 동안의 경험을 통해 내가 더 깊이 품고 싶은 것, 그리고 이제는 손을 놓아도 괜찮은 것. 그 둘을 구별해 내는 감각을 길러주는 것이 정비의 진짜 의미다.

이 과정을 거친 후 우리는 다음 해를 향해 조금 더 가벼운 발걸음으로 나아갈 수 있다. 무언가를 억지로 새로 시작하는 것이 아니라, 이미 내 안에 쌓여 있는 경험과 마음을 바탕으로 자연스럽게 다음 방향을 잡아가는 것이다.

정리와 정돈을 지나 정비까지, 조정의 작업을 마무리했다. 조정은 단순히 지나온 시간을 돌아보는 데 그치지 않는다. 1년간의 경험을 바탕으로, 앞으로 어떻게 살아가고 싶은지를 가만히 다듬어 보는 시간이다. 이 과정을 통해 우리는 내 삶의 중심을 다시 세우고, 다음 걸음을 준비할 수 있다. 서두르지 않고, 과장하지 않고, 지금의 나를 있는 그대로 바라본 끝에, 비로소 조금 더 나다운 방향으로 나아갈 수 있을 것이다.

매년 반복적으로
해보기

이제까지 우리는 성실한 삶을 향한 다섯 단계를 함께 걸어
왔다. 1년이라는 짧지 않은 여정이었다. 하지만 다섯 단계를 지
나온 지금, 처음 이 길을 내딛을 때의 나와는 분명히 조금 달라
져 있을 것이다. 나를 좀 더 이해하고, 나를 중심에 두고 살아가
는 법을 몸으로 익혔을 것이다.

성실한 삶을 향한 첫걸음은 자기 관찰이었다. 이는 나를 들
여다보는 일이었다. 하지만 자기 자신을 바라본다는 것은 단순
히 내 모습을 평가하는 데 그치지 않았다. 스스로에게 따뜻한 시
선을 보내며, 내가 가진 장점을 중심으로 지금 이 순간의 나를
긍정적으로 이해하는 시간이었다. 이 단계에서는 나를 비난하거
나 몰아붙이는 대신, 나를 믿어보려는 태도가 중요하다. 내 안

의 열망을 증폭시키고, 작은 믿음이 다음 여정을 만들어 내는 토대가 되기 때문이다.

자기 관찰을 바탕으로, 우리는 자기 탐색에 들어갔다. 진짜 원하는 것을 찾기 위해, 3년 후의 나를 상상해 일기로 써보고, 그 속에서 끌리는 키워드를 뽑았다. 그리고 하고 싶은 일들을 가능한 한 많이 적어 내려갔다. 100개라는 숫자는 상징적인 목표였지만, 중요한 것은 양을 채우는 것이 아니라 마음속 깊은 곳에 숨겨진 바람과 가능성을 꺼내는 일이었다. 해야만 하는 일이 아니라, 진심으로 하고 싶은 것을 하나하나 마주하며, 내 삶을 이루는 조각들을 찾았다.

탐색을 마친 후, 우리는 정리 및 설계에 들어갔다. 발견한 욕망들을 무작정 쌓아두지 않고, 마인드맵을 활용해 서로 연결하며 정리했다. 그 과정을 통해 나의 목표를 한 문장으로 요약하고, 우선순위를 세우며 구체적인 실행 계획으로 다듬었다. 특히 '꼭 하고 싶은 일', '가장 쉽게 할 수 있는 일', '꼭 해야만 하는 일'을 각각 세 가지씩 정리해 3-3-3을 완성했다. 이를 통해 막연했던 바람을 점차 현실을 향한 설계도로 만들었다.

하지만 계획만 세운다고 삶이 달라지는 것은 아니다. 우리는 곧바로 실행에 들어갔다. 여러 번 강조했던 것처럼 실행은 실천이나 완수의 의미가 아니라, 해보는 데 의의를 두었다. 많은 것을 하려는 의욕보다는 자연스럽게 시도해 볼 수 있도록 마음을 열어두었다. 구체적인 계획표를 들이대기보다는, 일상 속에서 내버려두었다. 다만 중간중간 회고를 거치며 방향을 확장하거나 불필요한 것들을 제거했고, 결실을 맺기 위해 구체적인 점검도 했다. 살아보는 과정에서 우리는 머릿속으로는 알 수 없었던 감정과 반응을 직접 체감했다. 좋아하는 것과 어렵게 느끼는 것, 스스로를 움직이게 하는 힘이 어디서 나오는지를 경험하는 소중한 시간이었다.

그리고 마지막으로, 1년을 되짚으며 조정의 시간을 가졌다. 실행한 결과를 조용히 정리하며, 내게 더 맞는 방향을 찾아 삶을 다듬었다. 조정은 실패를 수정하는 일이 아니었다. 경험을 바탕으로 앞으로 더 나답게 살아가기 위한 새로운 설계를 시작하는 일이었다. 흔들림을 거치고 난 끝에, 우리는 다시 나를 중심으로 삶을 정돈하는 법을 배워갔다.

이렇게 한 사이클을 살아내며, 나 자신에게 성실한 삶을 설계하고 실행하는 감각을 조금씩 몸에 새겨나갔다. 하지만 삶은 결코 한 번의 설계로 완성되지 않는다. 시간이 흐르면 생각도 달라지고, 욕망도 변한다. 그렇기에 성실한 삶을 살아가기 위해서는, 매년 다시 나를 들여다보고, 새롭게 방향을 잡아야 한다. 이제, 왜 이 과정을 반복해야 하는지 이야기해 보려 한다.

가장 먼저, 우리가 처음부터 삶을 1년 단위로 설계했기 때문이다. 처음 하고 싶은 일을 정리할 때도 1년이라는 시간을 기준으로 삼았다. 이는 욕망을 보다 구체적으로 정리하기 위해서였다. 막연히 인생 전체를 상상할 때와, 1년이라는 제한된 시간 안에서 욕망을 정리할 때는 분명한 차이가 있다. 그렇기에 1년이 지나면, 그 목록을 다시 꺼내고 새롭게 업데이트하는 것은 너무나 자연스러운 일이다.

그러나 더 큰 이유는, 사람은 변한다는 사실에 있다. 비단 5단계를 충실히 거치지 않았다 하더라도, 어제의 나와 오늘의 나는 이미 다르고, 1년을 살아낸 나는 더 크게 달라져 있을 것이다. 관심사가 달라지고, 좋아하는 것과 싫어하는 것이 바뀌며, 때로는 중요한 가치관마저 새롭게 발견하게 된다. 그렇기에 새롭게 출발하는 1년을 앞두고, 다시 한번 나를 들여다보고, 지금의 마음에 맞는 욕망과 계획을 정리하는 것은 꼭 필요한 일이다. 마지막 단계에서 이미 변화의 방향성을 확인했기에 그것에 맞춰 새롭게 1년을 계획하는 작업은 바뀐 나에 맞춰 새롭게 옷을 입는 작업이라 할 수 있다. 성장한 사람에게 이전의 작은 옷을 계속 입힐 수는 없지 않을까?

마지막으로, 가장 중요한 이유는 이것이다. 5단계를 거치면서 스스로에 대한 이해가 더 깊어졌기 때문이다. 처음보다 조금은 더 섬세하게, 조금은 더 진솔하게 나를 바라볼 수 있게 되었다. 그렇기에 다시 하는 이번 작업은 단순한 반복이 아니라, 더 깊어진 나를 만나는 과정이 될 것이다.

많은 사람들과 워크숍을 함께하다 보면, 해마다 참석하시는 분들을 종종 만나게 된다. 그들은 매년 조금씩, 그러나 분명히 더 깊어진 나를 만나며 진짜 성실한 삶을 살아간다. 처음부터 자신을 잘 들여다보는 사람도 있지만, 시간이 지나면서 천천히 자신의 온도를 높여가는 사람들도 있다. 꾸준히 워크숍에 참석한 동현 님의 경우가 그렇다.

동현 님은 누가 봐도 성실한 사람이었다. 가족을 최우선으로 여기고, 회사에서도 좋은 성과를 만들었다. 그래서 그는 하고 싶은 것들을 성실하게 써 내려갔다. 하지만 3년째가 되었을 때, 그는 이렇게 말했다.

"이번에는 조금 더 나를 위해 쓸 수 있게 된 것 같아요. 그동안은 가족을 위해, 회사를 위해 무엇을 해야 할지에 더 집중했는데, 이번에는 아주 작은 것이라도 내가 평소에 해보고 싶었던 것을 찾을 수 있었어요."

그동안은 주변을 위한 목표가 주를 이루었지만, 조금씩 쌓인 과정의 끝에서 자신만의 미세한 욕망들을 발견해 낼 수 있었다. 그리고 바로 그 작은 감각이, '나답게 살아간다'라는 것을 조금 더 구체적으로 느낄 수 있게 해주었다.

이처럼, 나에게 성실한 삶을 살아간다는 것은 그 감각을 몸에 익히는 과정이라고 할 수 있다. 처음부터 운전을 잘하는 사람이 없듯, 성실한 삶 또한 한 번의 시도만으로 완성되지 않는다. 지속적인 반복을 통해, 조금씩 자연스럽게 능숙해진다.

나라는 사람이 진짜 원하는 것에 대한 생각도 마찬가지다. 처음부터 선명하게 떠오르지 않는다. 꿈이 좌절되고, 사회적 역할이 부여되면서, 우리 안의 진짜 바람은 강한 자물쇠로 봉인되어 왔다. 그 자물쇠를 푸는 일은 단번에 이루어지지 않는다. 그래서 반복이 필요하다. 조금씩, 천천히, 나를 풀어가는 작업이 된다.

다행히도 여기에는 하나의 희소식이 있다. 매년 반복하는 작업은 점점 쉬워진다는 사실이다. 처음에는 5단계를 실행하는 것이 낯설고 어렵게 느껴질 수 있다. 하지만 반복하면서, 꼭 정해진 단계가 아니더라도 자신만의 방식으로 1년을 설계하고 살아갈 수 있게 된다. 조율과 조정을 거치며 나에게 성실해지기 위한 작업은 점점 더 자연스럽고 편안한 흐름이 되어간다. 그러니 한 번의 사이클을 돌았다면, 다시 한 번 더 시작해 보기를 바란다. 작은 부분이라도 나를 위해 살아갈 수 있도록 용기를 건네기를 바란다.

그렇다면, 어떻게 다시 시작하면 좋을까? 처음처럼 모든 단계를 차근차근 반복할 필요는 없다. 특히 이미 한 번 자기 관찰을 통해 스스로를 바라본 경험이 있다면, 굳이 1단계부터 완벽하게 다시 시작하지 않아도 된다. 이미 5단계를 거쳤다면, 충분히 자기 관찰은 이뤄졌을 것이라 생각한다. 그러니 이번에는 가볍게 패스해도 괜찮다. 물론, 지난 1년을 보내며 나에 대한 긍정적 시선이 약해졌다고 느낀다면, 다시 1단계부터 찬찬히 돌아보는 것도 좋은 방법이다. 필요한 만큼만 선택해서 접근하면 된다.

하지만 자기 탐색의 과정은 꼭 다시 해보길 권한다. 하고 싶은 일을 100개까지 다시 적어보며, 지금 내 안에 새롭게 움튼 바람들을 하나하나 꺼내보는 것은 의미 있는 출발이 된다. 하나씩 펼쳐보며 나의 마음을 다시 업데이트하길 바란다. 쓰는 것에 제한은 없다. 지금 실행하고 있는 일을 계속하고 싶다면 그것을 써도 된다. 1년 전에 썼지만 미뤄두었던 일이 여전히 마음에 남아 있다면, 또다시 써도 된다. 내 마음이 가는 대로 적어가는 것이 가장 중요하다. 확실한 것은, 두 번째로 이 작업을 해보면 처음보다 훨씬 쉬워진다는 점이다. 경험이 쌓여 이어서 하는 정리와 설계의 과정도 자연스러워질 것이다. 그리고 그것이 자연스럽게 실행으로도 이어질 것이고 1년을 진짜 성실한 삶으로 만들 것이다.

성실한 삶을 살아간다는 것은 과거의 계획에 자신을 억지로 끼워 맞추는 것이 아니라, 지금의 나를 가장 솔직하게 반영하는 길을 다시 찾는 일이다. 두번 째 작업은 조금 더 편안한 마음으로, 가볍게, 그러나 진심을 담아 시작해 보자.

성실한 삶은 한 번에 완성되지 않는다. 반복하고, 다듬고, 다시 실행하면서 조금씩 나에게 더 가까워진다. 그러니 주저하지 말자. 이번에도, 내 삶의 중심을 지키며 다시 시작해 보자.

제3부

중심은
어떻게
만들어지는가?

구체적인 경험,
삶의 기준이 되다

『행복의 기원』이라는 책을 지인들과 함께 읽었다. 생존을 위해 행복이 필요하다고 말하며, 자주 행복을 느껴야 한다고 강조한 책의 내용이 인상적이었다. 이야기를 나누던 중 한 참여자가 "최근에 언제 행복했는지 이야기해 볼까요?"라고 제안했다. 자연스럽게 사람들은 각자의 순간들을 꺼내기 시작했다.

"감자밭에서 싹이 날 때요. 그리고 그게 쑥쑥 자랄 때 정말 행복해요."
"요즘 탁구 배우는데요, 남편이랑 탁구 칠 때가 좋아요."
"저는 아이를 꼭 안아줄 때요. 그 순간이 정말 소중하더라고요."

나도 자연스럽게 행복한 순간을 떠올렸다. 그때는 여름이었는데, 가장 먼저 생각난 건 수박이었다. 운동을 마치고 샤워한 뒤, 차가운 수박을 한입 베어 물었을 때의 청량함은 이루 말할 수 없었다. 아무것도 아닌 장면처럼 보여도, 온몸에 퍼지는 그 감각은 여전히 생생했다. 상상하며 나도 모르게 배시시 웃음이 나왔다.

그날 사람들은 누구도 '성공'이나 '이루고 싶은 꿈'을 이야기하지 않았다. 행복은 거창한 개념이 아니라 아주 구체적인 장면에서 피어났고, 그 구체성 덕분에 모두가 공감할 수 있었다. '최근의 행복'이라는 질문이 있었기에 가능한 일이기도 했지만, 이런 구체적인 대답들은 행복의 실체에 대해서 진지하게 생각해보는 계기가 되었다.

우리는 행복을 이야기할 때 막연하게 표현할 때가 많다. 돈이 많은 모습, 건강하게 여행 다니는 것을 그려보지만, 생각하는 행복의 모습은 모호하다. 사실 행복은 그렇게 뭉뚱그려 말할 수 있는 감정이 아니다. 행복은 구체적인 상황에서, 구체적인 행동을 하며 느끼는 구체적인 감정이다. 다양한 감각이 한데 얽히고, 그게 경험으로 남을 때 비로소 행복이라는 이름을 갖게 된다. 한때 '소확행'이 유행했던 것도, 결국은 행복이라는 감정을 구체적인 경험으로 붙잡아 두려는 시도였는지도 모른다.

구체적인 경험을 통해 행복을 찾기 위해서는 행복에 대한 기준을 마련하는 게 필요한데, 나에게는 2019년 1월 한라산 정상에서 찍은 사진이 그 연결고리였다. 오랫동안 눈길을 걸어 도착한 백록담 앞에서, 나는 잇몸이 다 보일 만큼 웃고 있었다. 사진을 보고 깨달았다. 내가 바라는 삶은 이런 장면들의 반복이라는 것을.

그 이후 나는 막연히 "행복하게 살고 싶다"는 말 대신, 어떤 장면에서 어떤 감각으로 행복을 느꼈는지를 구체적으로 떠올려 보기 시작했다. 그 사진은 어느새 내가 추구하는 삶의 기준이 되었다. 1년에 한 번씩 하고 싶은 일을 100개씩 적을 때도 그 사진을 꺼내어 본다. 사진 속 나처럼 웃고 있는 그 순간을, 어떻게 하면 더 자주 경험할 수 있을지 고민하며 목록을 작성한다. 그렇게 구체적인 장면이 기준이 되니, 실제로 더 자주 행복한 방향으로 삶이 움직이는 경험을 했다. 매번 행복할 수는 없지만, 기준이 있으니 중심이 흐트러지지 않았다.

행복뿐만이 아니다. 꿈이나 인생 목표도 마찬가지다. 정작 삶은 아주 구체적으로 흘러가는데, 생각은 종종 흐릿하다. "잘 살아야지", "후회 없이 살고 싶다" 같은 말들은 멋지지만, 구체적으로 어떤 하루를 의미하는지 떠올려 보지 않으면 내 삶과는 쉽게 연결되지 않는다. 혹자는 이런 사고방식이 인간의 본능이라고 말한다. 뇌가 그렇게 진화해 왔기 때문이다. 새로운 상황을 일일이 분석하는 건 에너지를 많이 쓰는 일이기에, 뇌는 과거의 익숙한 패턴을 이용해 빠르게 결론을 내린다. 그래서 우리는 "그냥 싫어", "왠지 불편해" 같은 흐릿한 감정 속에 머물고, 생각도 덩달아 추상적으로 흐른다.

문제는 이 추상성이 목표에도 스며든다는 점이다. 유명한 멘토의 조언을 따라 하거나, 모두가 말하는 '성공'을 좇게 된다. 하지만 그것이 내 삶에서 어떤 의미를 갖는지 고민하지 않는다면, 그 목표는 오래가지 못한다. 앞에서 이야기한 과거 자기 발견 없이 자기 계발만 좇았던 현길 님의 사례처럼, 남의 언어로 설정된 목표는 결국 실천과 연결되지 못하고 사라진다. 방향이 없으니 흩어지고, 흩어진 목표는 결국 자책으로 돌아온다.

"왜 이걸 이루지 못했지?"
"난 역시 부족한가 봐."

사실은 실패가 아니라 처음부터 구체적인 나의 언어로 시작하지 못했기 때문인데도, 우리는 자신을 탓하며 한 걸음도 내딛지 못하게 되는 것이다. 중심을 잡지 못하고 표류하는 것도 내 것으로 만들지 못했기 때문이다.

이 책은 막연하고 모호했던 우리의 삶을 구체적으로 바라보고 나만의 언어로 설명하는 방법을 함께 연습해 보는 여정이었다. 자기 관찰, 자기 탐색, 정리, 실행, 조정이라는 다섯 단계를 통해 우리는 스스로를 긍정적으로 바라보고, 내가 원하는 삶의 모습을 조금씩 또렷하게 그려보았다.

이 여정은 단순히 '목표를 세우고 실천하는 법'을 배우는 시간이 아니었다. 머릿속에만 존재하던 나를 삶 속으로 끌어내고, 하고 싶은 일을 구체적으로 써보고, 직접 해보며, 내 안에 머물던 욕망들을 현실과 연결시키는 시간이었다.

그 과정은 단순한 정리가 아니라 발굴이었다. 무의식 속에 잠들어 있던 감정과 기억, 욕망을 하나씩 꺼내보는 일. '내가 어렸을 때 이걸 좋아했지', '이게 내게 진짜 중요한 거였구나' 같은 자각들이 이어지며, 점점 나만의 기준이 만들어지기 시작했다. 자신에 대한 발견이 결국 '내가 앞으로 어떤 선택을 할 것인지'에 대한 판단 근거가 되는 것이다.

기준의 힘은 우리가 일상에서 반복하는 수많은 선택에서 발휘된다. 우리는 매일 수많은 선택을 한다. 점심 메뉴부터 어떤 일을 먼저 할지, 오늘 하루를 어떻게 마무리할지까지. 하지만 막상 그 선택의 기준을 물어보면 쉽게 답하지 못한다. 대부분은 "그냥 느낌이 그래서", "그게 더 나을 것 같아서" 정도로 말하고 만다. 기준이 없는 게 아니라, 흐릿하게 존재하거나 외부의 기준에 기대고 있기 때문이다.

그런데 생각을 구체화하기 시작하면 다르다. 어떤 상황에서 내가 기뻤는지, 어떤 일을 할 때 싫었는지, 왜 그랬는지를 구체적으로 정리하면, 그 안에 내가 중요하게 여기는 가치와 욕구가 드러난다. 작고 사소한 선택이 쉬워지며 큰 결정을 내릴 때도 좀 더 용기를 내어 내디딜 수 있는 힘이 생긴다. '기준'이 있기에 가능한 일이다.

또한 기준은 다음 선택에 영향을 준다. '이번 주말엔 누구와 어떤 시간을 보내야 만족스러울까?'를 판단할 수 있는 기준점이 생긴다. 잇몸이 드러나게 환하게 웃는 사진을 떠올리며 어떤 시간을 보내야 할까 결정한다. 그리고 이 기준은 반복되는 선택을 통해 조금씩 단단해진다.

"나는 이런 걸 중요하게 여기는 사람이야."

이런 인식은, 내가 스스로 이해하고 설명할 수 있는 삶을 만든다. 그리고 그 설명 가능성이 바로 중심을 만드는 힘이 된다. 삶의 중심은 거창한 철학이나 명문대 입시 전략처럼 주어지는 것이 아니다. 반복되는 작고 구체적인 실행이 중심을 만든다. 구체화된 생각이 기준을 만들고, 기준이 축적될수록 삶의 방향은 분명해진다. 그 방향은 외부의 자극에 휘둘리지 않고, 내가 원하는 삶의 구조를 나 스스로 짜는 토대가 된다.

결국, 구체화된 삶이란 흐릿한 바람이 아니라 나만의 기준을 구체적인 형태로 세우고, 그 기준을 통해 삶을 선택하고 조정하는 과정이다. 구체적인 장면과 언어로 정리해 낼 때, 우리는 내가 중요하게 여기는 것의 실체를 마주하게 된다.

행복이 추상적 감정이 아니라 구체적인 경험에서 비롯되듯, 삶의 중심 또한 대단한 결심이나 성취에서 생기지 않는다. 자신의 바람을 구체적으로 설명해 보는 일, 무엇을 원하고 왜 그런지 자문해 보는 작은 습관, 그런 반복이 곧 기준이 된다.

그리고 기준이 쌓이면 중심이 된다. 켜켜이 쌓인 기준의 밀도가 높아질수록 우리의 중심은 더 단단해진다. 그럴 때 우리는 덜 흔들리게 되고, 흔들리더라도 금세 자신의 중심으로 돌아올 수 있는 탄력을 지니게 된다. 그 과정이 더 나답게 살아가는 방향이 된다.

중심은 어떤 성과나 결과보다도, 내가 진짜 원하는 삶의 방향으로 나아가게 해주는 힘이다. 나를 흔들리지 않게 붙들어 주는 단단한 축이며, 내가 나답게 살아가는 가장 큰 이유가 된다.

지속가능한 성실함과
영점 조정

영점 조정은 원래 사격이나 양궁에서 쓰이는 말이다. 조준
선과 실제 명중점 사이의 오차를 바로잡기 위해, 조준 장치를 다
시 맞추는 과정을 뜻한다. 바람, 거리, 습도 같은 외부 조건이
달라지면 조준점도 함께 달라지기 때문에, 정확한 목표를 맞히
기 위해서는 끊임없는 조정이 필요하다.

이 개념은 우리 삶에도 그대로 적용된다. 사람 사이의 관
계, 일의 흐름, 예측할 수 없는 사건들까지, 삶은 늘 예상과 다
르게 흘러간다. 게다가 우리는 스스로도 흔들리는 존재다. 어제
는 확신했던 일이 오늘은 불안하게 느껴지고, 좋았던 선택이 다
음 날에는 후회로 다가오기도 한다.

이런 변화 속에서, 한때 분명했던 삶의 기준 역시 점점 흐
려지기 쉽다. 감정이 달라지고, 경험이 쌓이고, 환경이 바뀌면

서 처음에 정했던 방향과 실제 내가 나아가는 방향 사이에는 미묘한 오차가 생긴다. 그 오차를 감각적으로 인식하고, 다시 중심을 조율하는 일. 그것이 삶에서의 영점 조정이다.

자기 관찰과 탐색, 목표 설계 및 실행 그리고 조정까지 성실한 삶의 5단계를 매년 반복해야 하는 이유가 여기에 있다. 내 삶이 흔들리는 게 상수이기 때문에 꾸준히 자기를 살피고 무엇을 원하는지를 탐색하는 과정을 거쳐야 한다. 꼭 1년마다 할 필요는 없다. 삶의 변화가 필요하고 전환점을 맞이할 때마다 수시로 해 나가는 게 바로 영점 조정의 과정이다.

나 역시 매년 이 과정을 반복해 왔다. 그때마다 삶의 에너지나 바람은 조금씩 달라졌고, 자연스럽게 중심도 이동했다. 어떤 해는 '성장'이 목표였고, 또 어떤 해는 '쉼', '균형', '자기 신뢰'가 더 가까이 다가왔다. 같은 목표라도 다시 들여다보면 다르게 느껴졌고, 어떤 항목은 이제 더 이상 내 것이 아니라는 생각이 들기도 했다.

특히 인상 깊었던 해가 있다. 자기발견연구소를 창업하고 2년차가 되던 그해, 나는 '유명해지기'를 키워드로 잡았다. 이름이 조금 더 알려지면 일이 더 잘 풀릴 것 같았고, 그러면 지금보다 안정적인 삶을 만들 수 있을 것이라고 생각했다. 그래서 사람들이 관심 가질 강의 콘텐츠를 고민하고, 글도 조금 더 반응을 끌 수 있도록 써보려 했다. SNS에서 나를 알리는 작업을 좀 더

해보려고 계획도 잡았다. 당시의 나는 분명 그 키워드에 에너지를 느끼고 있었다. '유명해지고 싶다'는 마음은 단지 외부의 인정만을 바란 게 아니라, 일을 더 확장하고 싶은 의지, 내가 가진 것을 더 잘 전달하고 싶은 마음이 담겨 있었다.

하지만 시간이 지나고 다시 그 목표를 들여다봤을 때, 나는 스스로에게 물었다. 정말 '유명해지는 것'이 내게 중요한가에 대해서 말이다. 물론 사람들 앞에 나서는 것도 좋아하고, 그 속에서 유명해지고 싶은 마음이 없는 것은 아니었다. 하지만 모든 것이 단계가 있는 것이고 갑자기 유명해질 수도 없는 법이었다. 여우의 신포도처럼 괜한 유명세로 홍역을 치르는 것은 아닐까 걱정도 됐다.

그리고 다시 나의 마음을 들여다보며 나를 탐색해 보았다. 그때 비로소 알게 됐다. 나는 사실 나를 믿지 못하고 있었다는 사실을 말이다. 성과를 내야만 괜찮은 사람처럼 느껴졌고, 외부의 인정이 있어야만 지금의 내가 설 수 있을 것 같았다. 오히려 내게 필요한 것은 바로 외부의 인정이 아니라 내가 나를 믿는 자기 신뢰였다. 그 마음을 인정하고 나자, 자연스럽게 중심은 나에 대한 믿음으로 이동했다.

그 마음을 인식하고 그해의 키워드를 '자기 신뢰'로 바꾸었다. 겉으로는 똑같은 일을 하고 있어도, 중심이 달라지니 일하는 방식도 달라졌다. 더 많은 사람에게 다가가는 일이 여전히 중요하긴 했지만, 그보다 더 중요한 건 '내가 스스로를 믿고 있는가'라는 물음이었다. 그 변화는 거창한 결심이 아니라, 기준의 미묘한 조정으로 시작되었다. 조정은 그런 식으로, 나를 몰아붙이지 않고 지금의 나에게 맞는 방향으로 중심을 다시 세우게 한다.

중심이 바뀐다는 것은, 단지 감정이 흔들렸기 때문만은 아니다. 때로는 직접 해봐야만 알 수 있는 것들이 있기 때문이다. 하고 싶은 일을 100가지 써보는 건 출발일 뿐이다. 그중 몇 가지를 실행에 옮기다 보면 다양한 반응이 나온다. 기대보다 별로거나, 분명 하고 싶다고 적었는데 막상 하려니 귀찮거나 부담스러운 일도 있다. 반대로, 기대하지 않았는데 의외의 즐거움이 피어나는 순간도 있다. 어떤 건 '정말 하고 싶다'고 생각했지만, 자꾸 미루게 된다면 그건 '해야 할 것처럼 보였던 일'일 수도 있다. 자기 계발서에서 좋다고 해서, 혹은 남들이 다 하니까 따라 쓰긴했지만, 실은 내 것이 아니었을 수도 있다.

그런 시행착오를 거쳐야 비로소 보인다. 내게 진짜 중요한 것이 무엇인지, 어떤 기준은 이제 버려도 되는지 말이다. 실행이 만든 경험은 생각보다 훨씬 큰 조정의 계기가 된다. 영점 조정은 단지 마음이 바뀌어서가 아니라, 마음과 경험이 만나 생각이 조금 더 구체화되었기 때문에 필요한 일이다. 실행은 생각을 다듬는 과정이다. 그렇게 우리는 다시 나를, 다시 방향을, 조금더 분명하게 조정하게 된다.

그렇게 우리는 매년, 혹은 주기적으로 나를 들여다보고 정리하고 조정하는 작업을 반복한다. 누군가는 이렇게 말할지도 모른다. "또 써야 해요?" 하지만 이건 반복이 아니라 순환에 가깝다. 그때의 나와 지금의 나는 다르고, 세상이 바뀌고 내가 중요하게 여기는 가치도 조금씩 달라진다. 그 변화들을 놓치지 않기 위해, 다시 나를 정비하고 방향을 조정하는 것이다.

이런 순환 구조는 삶을 이분법적인 성공과 실패로 구분하지 않게 해준다. 어떤 목표를 이루었는가보다 중요한 건, 내가 계속해서 나답게 살아가고 있는가이다. 성실한 삶이란 한 번에 완성되는 어떤 성과가 아니라, 나를 관찰하고, 구체화하고, 설계하고, 실행하고, 다시 조정하는 이 다섯 단계를 반복하며 만들어 가는 흐름이다.

그리고 이렇게 순환의 흐름을 반복해 나갈 때, 우리는 비로소 나에게 성실한 태도를 지속가능한 방식으로 지켜낼 수 있게 된다. 억지로 꾸역꾸역 해내는 것이 아니라, 지금의 나를 존중하며, 내가 할 수 있는 만큼의 방식으로 나와의 약속을 이어가는 것이다. 그런 삶의 리듬이 자리 잡을 때, 우리는 진짜 나를 소중히 여기고 아끼는 태도를 자연스럽게 유지할 수 있게 된다.

매번 완벽하지 않아도 괜찮다. 단지, 매년 또는 필요한 시기에 다시 시작하면 된다. 다시 써보고, 다시 살아보고, 다시 조정하면 된다. 중심은 그렇게 만들어진다.

잘하려 하지 말고,
열심히 해요

　아직 회사에 다니던 몇 년 전, 신입사원이 들어왔을 때의 일이다. 나는 멘토 역할을 맡아 그의 정착을 도왔다. 나이 차이는 있었지만 그는 내 이야기를 잘 들어주었고, 나도 진심을 담아 경험을 전했다. 꼰대가 되지 않으려 조심스레 조언을 건네던 어느 날, 툭 튀어나온 한마디가 마음에 걸렸다.

　"프로는 열심히가 아니라, 잘해야 하는 사람이에요."

　그건 내가 신입 시절 부장님께 들었던 말이었다. 냉정하기로 유명했던 분이지만, 부장님은 이상하게도 나에게는 따뜻하게 대해주셨다. 웃는 얼굴 너머에는 단호한 기준이 있었다. 막내인 내게 프로의 냉혹한 세계에 대해서는 분명히 알려주셨다. 일에 대한 생각을 멈추지 말아야 하고, 진심을 다해야 결과가 나온다고 강조하셨다. 덕분에 '열심히는 기본, 잘하는 건 필수'라는 생각이 내 몸에 배었고, 돈을 받고 일하는 사람이라면 결과로 말해야 한다는 신념도 함께 따라왔다. 과정은 결과로 증명될 때에만 의미가 있다고 여겼다.

선배가 되어 그 말을 꺼낸 순간, 마음이 복잡했다. 잘 해야 한다는 말이 정말 맞는 걸까? 그 말은 누군가의 열심을 덜어내는 건 아닐까? 툭 던진 말이 후배에게 닿기도 전에, 내 마음을 찌르고 있었다.

언젠가부터 "열심히 했습니다"라는 말이 조심스러워졌다. 기대만큼의 결과가 없을 때 그 말을 꺼내면, 왠지 변명처럼 들렸다. 마치 '잘못했습니다'를 돌려 말하는 것처럼 여겨졌다. 누군가 열심히 했다고 말할 때조차, 결국은 해내지 못했다는 의미로 받아들이는 경향이 있다. 그만큼 우리는 결과 중심적인 세계에 익숙해져 있다.

하지만 열심히 한 시간이 아무런 의미도 없다는 건 아닐 것이다. 마음을 기울이고, 시간을 쏟는 일은 결코 쉬운 일이 아니다. 때로는 모든 것을 다해도 성과로 이어지지 않을 수도 있다. 상대가 반칙을 하거나, 예기치 못한 상황이 결과를 바꿀 수도 있다. 그런 현실을 알면서도 우리는 종종 '열심히'라는 말에 인색하다.

더 근본적인 문제는, 그 말이 자기 자신에게조차 허락되지 않는다는 점이다. 결과가 부족하면, '열심히 했잖아'라는 말보다 '왜 이것밖에 못했지?'라는 자책이 먼저 튀어나온다. 노력의 과정보다 부족한 결과를 먼저 들여다보는 습관. 그렇게 우리는 자신에게 가장 냉정해진다.

얼마 전, 아이가 시험을 망치고 돌아왔다. 속상해하는 아이에게 "그래도 넌 정말 열심히 했잖아"라고 말해주었다. 그 말이 아이의 굳은 어깨를 조금 풀어주었다. 그 순간, 문득 깨달았다. 왜 나는 나에게 이런 말을 해준 적이 없을까? 왜 열심히 했다는 말 한마디조차 스스로에게는 유보해 왔을까? 굳이 잘하지 않아도 괜찮다고, 그래도 참 애썼다고, 그 말을 나에게 건네줄 수 있어야 한다.

'열심히'라는 말은 오해받기 쉬운 말이다. 부족함을 감추는 포장처럼, 혹은 결과를 내지 못한 사람의 흔한 자기 위로처럼 들릴 때도 있다. 하지만 그렇기에 더더욱, 우리는 이 말을 새롭게 정의해야 한다. 열심히의 핵심은 마음을 두는 것이다. 결과와 상관없이 한 번 더 들여다보고, 정성을 기울이는 태도이다.

이런 태도야말로 삶의 중심을 세우는 데 가장 중요한 요소다. 중심은 단단한 목표 하나로 만들어지지 않는다. 무엇이든 해보는 마음, 잘 되지 않아도 다시 시도해 보는 자세, 스스로를 존중하며 이어가는 꾸준함이 모여 중심을 만든다. 그래서 열심히는 단순한 노력의 문제가 아니라, 중심을 유지하는 태도의 문제다. '잘해야 한다'는 압박이 중심을 흔들리게 만든다면, '마음을 다했다'라는 태도는 중심을 조용히 지켜주는 힘이 된다.

'열심히'의 반대말은 게으름이 아닐지도 모른다. 무심함, 방관, 무기력 같은 감정일지도 모른다. 결국 열심히는 삶을 외면하지 않겠다는 결심이며, 그 자체로 충분히 의미 있다. 얼마나 애썼는지는 타인이 판단할 수 없다. 자신이 인정하는 열심이면 그걸로 충분하다. 주관적인 개념이어도 괜찮다. 자기 삶에 진심으로 임했다는 그 사실이 중요하다.

최근 한 강연에서 들은 이야기가 마음에 오래 남았다. 연사는 카자흐스탄으로 유학을 갔고, 네덜란드에서는 여행 상품을 팔았으며, 한국에서는 관광공사 대상 PT를 통해 시드머니를 유치했다. 택시 운전을 하며 사람들의 진짜 이야기를 듣고 싶었다고 했다. 그리고 창업에 성공해 지금은 광고 회사를 운영 중이다. 다양한 경험을 하면서 자기만의 색깔을 만들어 가는 것이 인상적이어서 그 비결을 물었더니 그의 대답이 더 나에게 다가왔다.

"뭘 하든 정말 열심히 했어요. 하다 아니면 빨리 포기하기도 했어요. 짧게 하고 그만둔 것들도 있지만, 하나하나가 다 제 안에 남아 있었어요."

열심히는 다양한 형태로 발현될 수 있다. 꼭 길게 시간을 투여할 필요도 없고, 완성을 해내지 않아도 된다. 어떤 시도는 빠르게 닫히기도 하지만, 또 어떤 시도는 문을 열어주고 새로운 길로 안내하기도 한다. 그렇게 시도하는 과정에서 마음을 쓰는 것으로 충분히 열심히 했다고 할 수 있다. 그 열심히 한 시간은 분명 자신에게 어떤 방식으로든 남을 것이다. 그 시간을 통해 우리는 중심을 조금씩 세워간다.

하고 싶은 일을 100개 쓰고 실행하는 것도 같은 맥락이다. 100개를 쓴다는 것은, 우리가 마음을 두고 있는 것이 무엇인지 찾는 과정이며 열심히 하고 싶은 대상을 탐색하는 일이다. 100개를 쓰는 행위는, 결국 우리의 진짜 욕망을 열심히 바라보는 과정이기도 하다. 100개를 다 채우지 않아도 된다. 그저 마음을 두는 것으로도 충분하다.

마찬가지로 100개 모두를 실행하는 데 열심히 임할 필요도 없다. 모든 것을 다 할 수는 없고, 우리의 마음은 수시로 바뀌기 때문이다. 쓰고 나서 하지 않아도 괜찮다. 안 하고 버려도, 그것은 실패가 아니라 선택이다. 그리고 그 선택이야말로 진짜 열심히 하는 자세다. 중심을 어디에 둘 것인지 스스로 판단하고 결정하는 태도이기 때문이다.

하나씩 확인하며 실현해 나가는 태도가 필요한 순간도 있지만, 매번 그래야 한다는 압박 속에서는 마음이 빠져버리기 쉽다. 자기 계발도 마찬가지다. "그래야 성공한다니까"라는 가르침 때문에 끌려가듯 해야 하니까 하는 것, 그건 열심히가 아니다. 그저 버텨내는 일이 될 뿐이다. 성과가 나올 수도 있겠지만 버티다가 탈이 나기 쉽다.

결국 중요한 건, 얼마나 마음을 쓰고 있었는가이다. 자신의 진심이 얼마나 담겨 있었는지, 그 질문에 자연스럽게 "그렇다"라고 대답할 수 있다면, 그게 바로 열심히 하는 자세다. 그런 태도만 있다면 잘하지 못했다고 하더라도 충분히 자기에게 칭찬해 주며 격려해 줄 수 있어야 한다. 타인의 평가에 상관없이 말이다.

중심은 이런 태도에서 비롯된다. 결과로 입증된 목표가 아니라, 삶을 열심히 대하는 반복적인 태도에서 중심은 만들어진다. 그것이 조금은 다정한 나의 테두리를 만들어 줄 것이다.

중심의 다른 이름,
환대

'환대'라는 단어의 사전적 정의는 '낯선 사람이나 손님을 따뜻하게 맞아들임'이다. 보통 환대라고 하면, 타인을 친절하게 대하고, 손님을 극진히 대접하는 모습을 떠올리기 쉽다. 하지만 환대의 본질은 단순한 친절이나 예의가 아니다. 영어의 hospitality는 라틴어 hospes에서 유래했는데, 이 단어는 '손님'과 '주인'이라는 서로 다른 두 의미를 동시에 품고 있다. 이 이중성은 환대라는 행위의 핵심을 잘 드러낸다. 환대는 주인과 손님의 경계를 흐리고, 함께 존재할 수 있는 공간을 여는 행위다. 그가 어디에서 왔든, 어떤 삶을 살아왔든 상관없이, 있는 그대로의 존재를 받아들이는 태도. 그것이 환대다.

보통 환대는 외부의 이방인을 향하는 것이라 여긴다. 하지만 가만히 들여다보면, 삶에서 가장 낯설고도 불편한 존재는 어쩌면 타인이 아니라 '나 자신'일지도 모른다. 계획을 지키지 못한 나, 아무 의욕도 없이 시간을 흘려보낸 나, 욕망을 느끼고도 실행하지 못한 나. 우리는 그런 나를 부끄러워하고 외면하며, 종종 스스로에게 가장 가혹한 존재가 되기도 한다. 그래서 진정한 환대는 타인에게만 향하는 것이 아니라, 나 자신을 향한 환대에서 시작되어야 한다.

이 책은 자기 관찰, 자기 탐색, 목표 설계, 실행, 조정이라는 다섯 단계를 안내해 왔다. 이 여정은 단순한 계획 수립이 아니라, 내 안의 마음과 욕망을 들여다보고, 실행하고, 다시 돌아보는 과정을 반복하면서 나 자신을 받아들이는 법을 배우는 일이었다. 하고 싶은 일을 써보고, 해보고, 미루고, 때로 방향을 바꾸어 보며, 우리는 조금씩 낯선 나와 친해지는 연습을 해왔다.

중심을 만든다는 건, 나를 환대하는 힘을 기르는 일이다. 흔히 '중심'이라고 하면 단단한 원칙이나 흔들림 없는 기준을 떠올리지만, 내가 말하는 중심은 그런 것이 아니다. 오히려 삶이 계속 흔들릴 때마다, 다시 돌아올 수 있는 자리. 실패했을 때도, 의욕이 사라졌을 때도, 나를 다시 초대할 수 있는 자리. 그 자리를 지켜주는 태도가 바로 환대다. 그러니 성실한 삶이란 완벽하게 지켜내는 삶이 아니다. 그보다는 흔들려도 다시 돌아올 수 있다는 믿음을 가진 삶이다. 그리고 그 믿음을 가능하게 하는 건 나에 대한 환대다. "지금 힘들어하는 나도, 여전히 나야"라고 말해줄 수 있는 마음. 나는 그 마음을 품을 수 있을 때 비로소 나에게 성실해질 수 있었다.

물론 환대는 마음만으로 완성되지 않는다. 그저 "괜찮아"라고 다독인다고 해서 저절로 삶이 달라지지는 않는다. 환대는 구체적인 선택과 결정 속에서 실현된다. 나를 향한 환대는 결국, 내가 스스로 선택하고 결정하는 힘에서 출발한다. 우리는 하루에도 수많은 선택을 한다. 그런데 그 선택의 주도권을 내가 쥐고 있지 않으면, 삶은 점점 타인의 기준에 의해 조정된다. 결국 '내 삶인데도 내가 결정하지 않은 삶'을 살게 된다. 그래서 환대는 묻게 한다. "나는 지금 나에게 어떤 선택을 허락하고 있는가?"

하지만 주도권을 지키는 일이 쉽진 않다. 삶의 큰 방향을 단숨에 결정할 수 있는 사람은 없다. 그래서 더더욱, 끊임없이 자신을 들여다보는 시간이 필요하다. 그래야 크고 작은 결정의 순간에서 주저하지 않고, 스스로 선택할 수 있는 힘이 생긴다.

그렇다고 주도권이라는 말에 너무 거창한 것부터 결정하려 애쓰지 않았으면 한다. 결국 삶은 작은 결정들의 연속이다. 주도권을 지키는 연습도 그 작은 일들에서부터 시작된다. 점심시간에 메뉴를 고르는 것처럼, 일상 속에서 반복되는 수많은 선택의 순간들이야말로 주도권을 연습할 수 있는 기회. 결정이 부담스럽다면, 그 결정이 미치는 범위가 작은 것부터 시도해 보면 된다. 그런 사소한 선택들이 쌓이고 나면, 언젠가 더 크고 중요한 결정 앞에서도 주저하지 않게 된다.

나 역시 그랬다. 마흔이 넘어서 퇴사를 결정했던 것도 단번에 이루어진 일이 아니었다. 퇴사를 결심하기까지, 한 시간 동안 카페에서 멍을 때려보기도 했고, 한라산에 올라보기도 했으며, 좋아하는 작가의 강의에 참여하고 질문도 던져보았다. 생산성을 높여주는 일도, 커리어에 도움이 되는 일도 아니었지만, 내가 스스로 결정한 일이었다는 점에서 깊은 의미가 있었다. 그런 선택들이 쌓이며, '이 정도 결정은 내가 책임질 수 있다'라는 마음이 생겨났고, 결국 퇴사라는 큰 결정까지 할 수 있었다.

　중요한 건 결과가 아니다. 결과가 기대에 미치지 못할 수도 있고, 상황이 바뀔 수도 있다. 그럴 땐 다시 판단하고, 방향을 조정하면 된다. 결정은 고정된 답이 아니라 반복해서 조정할 수 있는 구조다. 핵심은 내가 그 선택의 순간에 주도적으로 참여했는지 여부다. 그렇게 선택하고, 실천하고, 조정하는 과정을 통해 나는 내 삶의 운전대를 조금씩 단단히 쥐게 되었다. 그 경험이 바로, 나를 환대하는 연습이었다.

　나를 환대한다는 건 거창한 일이 아니다. 어떤 결과가 나오더라도 스스로 내린 결정에 대해 비난하거나 후회하기보다, 그 순간의 선택을 존중하는 태도다. 그 작은 존중이 쌓여, 다시 나를 움직이게 만든다. 그렇게 주도권을 지키는 삶이 반복될 때, 우리는 비로소 자신에게 성실한 삶을 살고 있다고 말할 수 있게 된다. 그리고 그 삶의 중심에는, 언제나 나를 따뜻하게 맞아주는 '환대'가 있을 것이다.

꿈꾸는 삶을 위하여

어렸을 때부터 나서는 걸 좋아했어요. 발표 기회가 주어지면 신나서 나갔고, 노래대회에 나가 상을 받기도 하고, 연극제에 나가 춘향이를 사랑하는 이도령 역할도 했죠. 그러면서 자연스럽게 꿈이 생겼어요. TV에 나오는 사람이 되고 싶었고, 그중에서도 아나운서라는 타이틀을 목표로 삼았어요. 연예인이 되고 싶었지만 외모가 따라주지 못했으니, 그 대신 아나운서를 선택한 거였죠. 당시만 해도 아나운서들의 외모 기준이 지금과는 조금 달랐으니까요.

중학교 1학년 때부터 꿈을 품고, 그 방향으로 조금씩 나아갔어요. 중고등학교 시절엔 누구보다 열심히 공부했고, 대학에서는 방송반 활동을 하며 방송국 프로그램에도 참여했죠. 그러다 대학 졸업반이 되었고, 드디어 아나운서 시험을 보게 됐어요. 자신 있었어요. 보통 한 명만 뽑았지만, 1등만 하면 된다고 생각했거든요. 그런데 최종까지 가지도 못하고 중간에서 떨어졌어요. 압박 면접에서 제대로 대응하지 못했어요.

며칠 며칠을 멍하게 지내다가, 어느 순간 '이 정도면 됐다'는 마음이 올라왔어요. 대학을 졸업하고 백수로 있는 게 무서웠던 거죠. 곧바로 취업 사이트를 뒤지고 안정적인 직장에 들어갔어요. 그때의 마음은 '열심히 했으니, 충분하다'였어요.

하지만 직장생활을 하면서도 아나운서에 대한 미련은 사라지지 않았어요. TV에 나오는 사람들을 보며 괜히 마음이 복잡해졌고, 그들을 이유 없이 폄하하기도 했죠. 파업으로 길거리에 나선 그들을 보며, 안 가길 잘했다는 억지 위안을 삼기도 했어요. 시간이 약이더군요. 세월이 흘러 아나운서라는 꿈은 점점 옅어졌어요. 회사 일에 집중하고, 가정을 꾸리며 평범한 일상을 살아가다 보니 그렇게 된 것 같아요.

그런데 어느 날, 회사에서 임원 대상 발표를 하게 됐고, 그 시간 속에서 즐거워하는 제 자신을 발견했어요. 그 무렵 버킷리스트라는 걸 알게 되었고, 내가 진짜 하고 싶은 것들이 조금씩 꿈틀대기 시작했어요. 매년 하고 싶은 일을 100개씩 쓰면서 저의 생각들은 점점 뾰족해졌어요. 그리고 그 과정에서 행운이 따랐는지 좋은 기회들과 마주할 수 있었어요. 워크숍을 열게 되었고, 도움을 주신 분들 덕분에 여러 형태의 프로그램으로 진행할 수 있었어요. 그렇게 하고 싶은 일을 쓴 지 5년이 지나고 나서

드디어 회사를 그만두고 사람들과 자신만의 목표를 찾아가는 과정을 함께하는 사람이 되었어요. 소위 말하는 강사가 된 거죠.

그때 오랫동안 알고 지낸 대학 선배가 저에게 말했어요.

"대학 때 아나운서 한다고 여기저기 다니더니, 결국 네 꿈을 이뤘구나."

처음엔 놀리는 건가 싶었어요. 아나운서가 되지 못한 회한이 여전히 남아 있었으니까요. 그런데 선배가 덧붙였어요.

"지금 네가 사람들 앞에서 말하고, 워크숍도 하고, 네 경험도 나누잖아. 그게 네가 꿈꾸던 모습 아니었어?"

그 말에 머리를 한 대 얻어맞은 기분이었어요. 저는 직업을 기준으로 꿈을 생각하고 있었는데, 선배 말대로라면 저는 이미 그 꿈을 이룬 셈이었어요. 여전히 TV에 나오고 싶은 마음이 남아 있지만, 지금 삶만으로도 충분히 만족스럽다는 걸 그제야 알았어요. 아나운서라는 직업적 타이틀이 저를 꽁꽁 싸매고 있었던 것 같아요. 이제야 자유로워졌다는 느낌이 들었어요.

돌아보면, 그렇게 흘러온 시간들이 결국 저를 지금 이 자리에 데려다 놓았어요. 돌아서 온 길 같지만, 어쩌면 가장 저다운 방식으로 꿈을 실현해 온 거죠. 새로운 꿈을 꾼 것이 아니라, 결

국 내가 원했던 삶을 다르게 이뤄낸 거였어요. 선배의 말 한마디
가 제 꿈이라는 연못에 돌멩이처럼 떨어졌고, 그 여운은 오래 남
았어요. 직업적 타이틀이 꿈의 전부는 아니라는 걸, 그제야 깨
달았어요. 무엇이 되느냐보다, 그 속에서 무엇을 하며 살아가느
냐가 더 중요하다는 걸요.

이 이야기를 꺼낸 이유는 많은 분들이 '꿈'이라는 단어 앞에
서 스스로를 몰아붙이는 걸 봐왔기 때문이에요. 꿈을 꼭 '무엇
이 되는 것'으로만 생각하지 않으셨으면 해요. 그러다 보면 하나
의 직업에 집착하게 되고, 성공과 실패라는 이분법으로 삶을 바
라보게 되니까요. 반면, '무엇을 하며 살아가고 싶은가'라는 질
문으로 바꿔보면 다양한 가능성이 열려요. 저는 아나운서가 되
지 못했지만, 지금 저의 말과 행동으로 사람들에게 힘을 주고 있
어요. 이 과정이 제게는 큰 효능감을 주고, 제 삶이 가치 있다고
느끼게 해요.

물론 좋게 해석하는 걸 수도 있어요. 못 이뤘으니까 이렇게
라도 해석하는 것 아닌가라고 생각하실 수도 있어요. 그런데 저
는 이런 정신 승리가 꼭 필요하다고 생각해요. 흔히 정신 승리는
현실을 부정하거나 억지로 긍정하는 태도라고 말하지만, 오히려
스스로를 지켜내는 가장 주체적인 태도라고 생각해요. 현실을
있는 그대로 받아들이되, 그 안에서 나만의 의미를 발견하고 새
롭게 해석해 보는 것이 시대를 살아가는 가장 단단한 삶의 태도

아닐까요.

이런 정신 승리는 제게 두 가지 중요한 감각을 선물해 주었어요. 바로 '나도 괜찮다'는 감각, 그리고 '나는 선택할 수 있다'는 감각이에요. 누군가에게는 작은 인정이지만, 저에게는 중심을 세우는 시작이 되었어요. 정신 승리는 겉으로는 유연해 보이지만, 안으로는 단단한 기둥 하나를 세우는 일이에요. 자기 삶의 해석을 남에게 맡기지 않고, 내가 의미를 부여하는 일이니까요.

저는 이 정신 승리라는 단어에 '작은 주도권'이라는 뜻을 붙이고 싶어요. 내가 내 삶을 결정할 수 있다는 생각, 내가 이 선택을 했다는 주체적인 기분. 그게 쌓이면 언젠가는 중심이 생겨요. 누군가는 그걸 꿈이라고 부르고, 또 누군가는 성실함이라고 부르기도 하죠. 어쩌면 우리가 말해온 성실한 삶이란, 거창한 계획이나 단단한 철학보다도 '나를 향해 하루 한 걸음씩 주도적으로 걸어가는 삶'이 아닐까요.

이 책을 통해 '성실한 삶'에 대해, 그리고 그런 삶이 어떻게 중심을 만들어 가는지를 정리해 봤어요. 저에게는 자연스럽게 이어진 과정들이 처음 이 여정을 시작하는 사람들에게는 조금 버겁게 느껴질 수도 있어요. 자기를 긍정적으로 바라보고, 하고 싶은 것을 100개나 써보고, 그것을 정리하고 실행하며 돌아보는 일은 처음엔 낯설고 어렵게 느껴질 수 있죠. 하지만 해보면 알아요. 생각보다 어렵지 않다는 걸요.

그래서 꼭 부탁드리고 싶어요. 우선 하나라도 해보세요. 다섯 단계를 모두 실천하지 않아도 괜찮아요. 지금 끌리는 것, 지금 할 수 있는 것 하나만 골라 실행해 보세요. 자전거 페달을 처음 밟을 때는 어렵지만, 한 번 굴러가기 시작하면 속도는 금세 붙어요. 성실한 삶도 똑같아요. 하나만 해봐도 충분히 가속이 붙을 수 있어요.

그리고 꼭 '구체적인 나'와 자주 만나보셨으면 해요. 하고 싶은 것이든, 잘하는 것이든, 나를 더 깊이 이해하기 위해 필요한 건 구체성이에요. 옷을 살 때도 대충 예쁜 옷보다, 원하는 스타일과 사이즈를 꼼꼼히 따져야 실패하지 않듯이, 나에 대해서도 그렇게 들여다봐야 해요.

방법은 생각보다 간단해요. 자기 자신에게 자주 질문을 던지는 거예요. 이 책에 담긴 질문들을 필요할 때마다 펼쳐보며 탐험하듯 써보세요. 답할 때는 조금만 더 깊이 적어보세요. 김치찌개가 먹고 싶다면 그냥 '김치찌개'가 아니라, '광화문 앞 50년 된 노포에서 먹는 김치찌개'처럼요. 재테크를 잘하고 싶다면 '부자 되고 싶어요' 대신, '1년 안에 3,000만 원을 모아보고 싶어요'처럼요. 그렇게 적다 보면, 미처 몰랐던 나와 만나게 돼요. 그 순간, 자신을 조금 더 좋아하게 될 거예요.

그리고 생각을 펼치는 일에 주저하지 않으셨으면 해요. 생각하는 건 자유예요. 장점을 써볼 땐 뻔뻔하게, 하고 싶은 것을 적을 땐 실현 가능성과 상관없이 마음껏 써보세요. 그렇게 막 쓰다 보면, 마음 깊숙한 곳에 숨어 있던 진짜 생각들이 서서히 고개를 들기 시작할 거예요.

하나씩 쌓아가며 다정하고 단단한 당신만의 중심이 만들어지기를 바랍니다. 그 중심에서 스스로를 따뜻하게 맞이하는 환대의 시간이 열리기를 응원합니다. 환대는 자주 흔들리고 종종 넘어지는 순간에도 스스로에게 괜찮다고 말할 수 있는 힘과, 환한 웃음을 되찾을 수 있는 여유를 선물할 것입니다. 그 위에서 나를 사랑하고 나의 선택을 존중하는 진짜 성실한 삶을 맞이하세요.

부록

혼자서
해보는
중심 잡기

1단계 : 장점 발견을 통한 긍정적 자기 관찰

✔ 주변 사람들로부터 듣는 칭찬 쓰기

✔ 성격과 외모상의 장점 쓰기

✔ 경험/배운 것/자격증/습관 등의 강점 쓰기

✔ 나의 단점 세 가지 작성하고 장점으로 바꿔서 표현하기

①   →

②   →

③   →

1단계 : 장점 발견을 통한 긍정적 자기 관찰

✔ 나만의 대표장점 다섯 가지 써보기

1.
2.
3.
4.
5.

◆ 장점이 발휘된 경험 정리하기

경험1 _____

• 역할 :

• 발휘된 장점 :

경험2 _____

• 역할 :

• 발휘된 장점 :

경험3 _____

• 역할 :

• 발휘된 장점 :

2단계 : 자기 탐색을 통한 하고 싶은 일 찾기

✔ 3년 후 오늘의 일기 쓰기

✔ 관심 영역 5개 설정하고 3년 내 목표 만들기

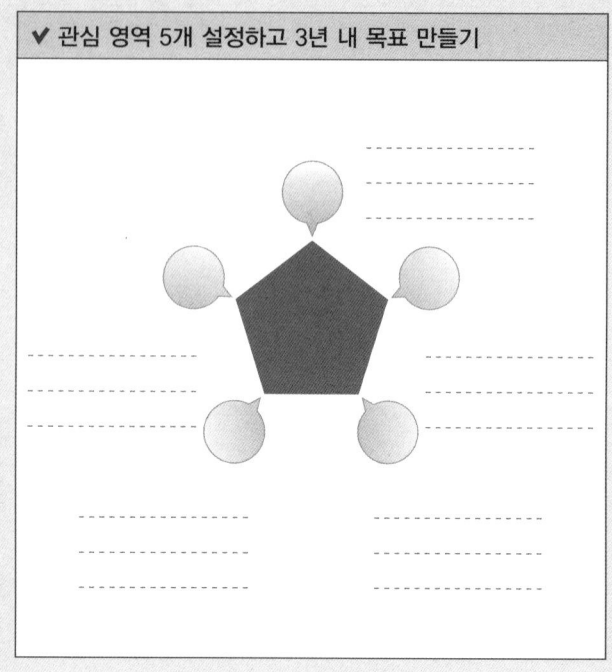

2단계 : 자기 탐색을 통한 하고 싶은 일 찾기

✔ 1년 동안 하고 싶은 일 작성하기

{유의할 점}

• 세세하게 쓴다 – 꼬꼬무

• 측정가능하게 쓴다 – 아무튼 숫자

• 기한 또는 기간을 설정한다 – 캘린더 박제

• 실현 가능성 생각하지 않기 – 일단 쓰기

부록 : 혼자서 해보는 중심 잡기

2단계 : 자기 탐색을 통한 하고 싶은 일 찾기

✔ 사소한 일상의 행복 찾기

{이런 질문을 떠올려 보세요}

• 그냥 해보고 싶은 것은?

• 나를 위해 줄 수 있는 선물은?

• 꼭 가보고 싶은 곳은?

• 만나고 싶은 사람은?

• 나를 웃게 만드는 것은?

• 지금 나에게 해주고 싶은 말은?

3단계 : 정리 및 설계하기

✔ 하고 싶은 일 마인드맵으로 정리하기

제목:

이미지

3단계 : 정리 및 설계하기

✔ 꼭 하고 싶은 일 세 가지

1.

2.

3.

✔ 가장 하기 쉬운 일 세 가지

1.

2.

3.

✔ 꼭 해야만 하는 세 가지

1.

2.

3.

4단계 : 실행하기

✔ 1분기 회고 : 확장의 시간

· 실행한 내용 정리

· 하고 싶은 일 확장
-추가 : 새롭게 떠오르는 일

-세분화 : 기존에 썼던 것 수정

-조정 : 방향이 달라진 것 변경

4단계 : 실행하기

✔ 2분기 회고 : 제거의 시간

・실행한 내용 정리

・하고 싶지 않은 일 제거

4단계 : 실행하기

✔ 3분기 회고 : 결실의 시간

• 실행한 내용 정리

• 3-3-3 다시 돌아보기
−꼭 하고 싶은 일

−가장 하기 위운 일

−꼭 해야만 하는 일

5단계 : 조정하기

• 1분기 했던 일 중 인상적인 것은?

• 2분기 했던 일 중 인상적인 것은?

• 3분기 했던 일 중 인상적인 것은?

• 4분기 했던 일 중 인상적인 것은?

• 목표 중에 이룬 것은?

• 올해 했던 경험 중 새로웠던 경험은?

• 자신의 시야를 확장시켜 주었던 문화 경험(책, 영상, 공연, 음악 등)은?

• 자신의 의외의 모습을 발견했던 경험은?

• 무엇을 배웠나(교육, 연수)? 자신에게 영향을 주었던 교육은?

• 자신의 한계에 도전했던 경험은? 불가능할 것 같은 것을 이룬 경험은?

• 감사한 일은 무엇이었는가?

5단계 : 조정하기

✔ 정리

- 자신에게 영향을 미친 사람은? 반대로 나는 누구에게 영향을 미쳤나요?

- 새로운 인연은? 그 인연은 당시에게 어떤 영향을 주었나요?

- 가족이나 친구와의 소소한 경험 중 행복했던 순간은?

- 주변 사람들에게 긍정적인 영향을 미친 경험은?

- 실패한 경험은?

- 일상에서 버리고 싶은 습관과 유지하고 싶은 습관은?

- 의도치 않았지만 우연히 이루어진 성취와 그 성취가 당신에게 어떤 의미를 남겼나요?

- 경제적으로 한 해를 돌아본다면?

- 물건이든 경험이든 나에게 어떤 선물을 주었나요?

- 나의 휴식처가 되었던 공간은?

- 좀 더 건강한 삶을 위해 했던 일은?

5단계 : 조정하기

✔ 정리

- 가장 많은 시간을 들인 활동은?

- 가장 뿌듯했던 경험은?

- 가장 오랫동안 기억에 남는 경험은?

- 1년 동안 나의 중심활동은?

- 중심활동은 내게 어떤 감정을 남겼는가? 만족스러운가?

- 이 경험을 이어가고 싶은가? 만약 그렇다면 어떻게 발전시키고 싶은가?

- 이 경험을 통해 나는 무엇을 얻었는가?

- 한 해의 활동을 한 문장으로 정리한다면?

5단계 : 조정하기

✔ 정리

• 계속 이어가고 싶은 활동은? 그것을 어떤 방식으로 실행하고 싶은가?

• 다음 1년은 어떻게 보내고 싶은가?

중심 잡는 법

초판 1쇄 발행 2026년 1월 11일

지은이 최호진
펴낸이 서재필

펴낸곳 마인드빌딩
출판등록 2018년 1월 11일 제 2024-000136호
이메일 mindbuilders@naver.com

ISBN 979-11-24086-10-0 (03190)

마인드빌딩에서는 여러분의 투고 원고를 기다리고 있습니다. 출판하고 싶은 원고가 있는 분은 mindbuilders@naver.com으로 기획 의도와 간단한 개요를 연락처와 함께 보내주시기 바랍니다.